QU'EST-CE QUE LE PHÉNOMÈNE ?

COMITÉ ÉDITORIAL

Christian BERNER

Stéphane CHAUVIER

Paul CLAVIER

Paul MATHIAS

Roger POUIVET

CHEMINS PHILOSOPHIQUES

Collection dirigée par Roger POUIVET

Alexander SCHNELL

QU'EST-CE QUE LE PHÉNOMÈNE ?

Paris

LIBRAIRIE PHILOSOPHIQUE J. VRIN

6, place de la Sorbonne, Ve

2014

M. Heidegger, *Sein und Zeit*, Max Niemeyer Verlag, Tübingen, 2006, p. 34-36, © Walter de Gruyter GmbH, Berlin, 2006.

En application du Code de la Propriété Intellectuelle et notamment de ses articles L. 122-4, L. 122-5 et L. 335-2, toute représentation ou reproduction intégrale ou partielle faite sans le consentement de l'auteur ou de ses ayants droit ou ayants cause est illicite. Une telle représentation ou reproduction constituerait un délit de contrefaçon, puni de deux ans d'emprisonnement et de 150 000 euros d'amende.

Ne sont autorisées que les copies ou reproductions strictement réservées à l'usage privé du copiste et non destinées à une utilisation collective, ainsi que les analyses et courtes citations, sous réserve que soient indiqués clairement le nom de l'auteur et la source.

© *Librairie Philosophique J. VRIN,* 2014

Imprimé en France

ISSN 1762-7184

ISBN 978-2-7116-2561-1

www.vrin.fr

Qu'est-ce donc qu'un phénomène ? Les peintres, par exemple, le savent depuis longtemps. Et Constable le savait déjà, qui un jour a noté : "Ce n'est pas une maison, c'est un matin d'été où il y a une maison." *Un phénomène c'est, dirons-nous, une* phase de monde [1].

1. M. Richir, *Phénomènes, temps et êtres. Ontologie et phénoménologie*, Grenoble, J. Millon, 1987, p. 292.

QU'EST-CE QUE LE PHÉNOMÈNE ?

à Constantin

INTRODUCTION

L'objectif[1] du présent essai est de clarifier le sens « du »
phénomène. Nous mettons ici l'article défini entre guillemets
parce que, de prime abord, le titre même de cet ouvrage peut
paraître quelque peu étrange. Ne serait-il pas moins artificiel et
plus naturel de s'interroger sur ce qu'est *un* phénomène et non
pas *le* phénomène ? Nous allons essayer de démontrer qu'il
s'agit bien *du* et non pas d'*un* phénomène puisque celui-ci est
un concept philosophique au même titre que *la* justice, *la* vérité
ou *la* beauté. On objectera qu'en philosophie l'idée, le corps ou
la proposition sont aussi des concepts et que l'on demanderait
plutôt ce qu'est *une* idée, *un* corps ou *une proposition*, exem-
ples qui semblent tous être plus proches de la notion de
phénomène que *le* Juste, *le* Vrai ou *le* Beau. Quelle est alors

1. Nous remercions Natacha Boulet, Romain Dufêtre et Jérôme Watin-
Augouard pour leur relecture attentive du manuscrit qui nous a permis
d'apporter des précisions et améliorations à cet essai.

l'unité spécifique qui non seulement *permet* mais tout bonnement *exige* de traiter ici « *du* » phénomène ?

Bien entendu, l'expression « "un" phénomène » s'utilise couramment non seulement dans le langage quotidien, mais encore en philosophie (en particulier en philosophie des sciences). Ainsi, on parle « d'un » phénomène météorologique, « d'un » phénomène physique ou encore « d'un » phénomène chimique, et on rencontre des expressions du type « sauver "les" phénomènes » et non pas « le » phénomène. Or, même s'il est important de distinguer entre différents types de phénomènes ainsi compris, et quelle que soit la richesse d'une perspective épistémologique relative au phénomène en général, nous ne nous engagerons pas ici dans une telle voie. Dans le présent essai, il s'agira plutôt de déployer la *triple* perspective « gnoséologique », « spéculative » et proprement « phénoménologique » du phénomène.

Sur la base d'une acception courante du phénomène compris comme ce qui « apparaît aux sens », acception qui remonte aux Anciens et qui a été réintroduite dans la philosophie moderne notamment par Lambert, le philosophe des Lumières Immanuel Kant [1] a donné une nouvelle définition du phénomène qui en a complètement changé l'orientation. Le phénomène ne désigne plus – en tout cas plus *exclusivement* – tel ou tel événement (sensible) *particulier* tombant sous le terme générique « phénomène », mais il concerne désormais le statut d'une connaissance théorique *en général*. La connaissance a pour l'auteur de la *Critique de la raison pure* trait *aux phénomènes* – non pas parce qu'elle concernerait ce phénomène-ci ou ce phénomène-là, mais parce qu'elle est

---

1. La référence à Kant est et restera ainsi absolument déterminante dans la présente approche du phénomène.

nécessairement « phénoménale », ce qui renvoie à une conception précise *du* phénomène et non pas simplement *d'un* phénomène. L'un des buts que nous nous proposons ici d'atteindre est d'éclaircir les enjeux de ce déplacement sémantique opéré par tous les « phénoméno-logues [1] » et qui rayonnera dans une large mesure sur la philosophie après Kant.

Ce sont précisément les deux courants majeurs de la philosophie postkantienne (auxquels la philosophie après Kant ne se réduit évidemment pas, mais où le phénomène connaît une postérité notable), à savoir ce que l'on appelle l'« idéalisme allemand » et la « phénoménologie », qui élaboreront par la suite les conceptions les plus puissantes du phénomène et, plus précisément, de la « phénoménalisation » et de la « phénoménalité ». L'horizon général s'élargira : le concept de phénomène ne se confinera plus, contrairement à la perspective kantienne, à un plan exclusivement *gnoséologique*. – Notons que malgré ce cadre nécessairement historique que nous respecterons et suivrons, il ne s'agit pas dans cet ouvrage de simplement exposer les doctrines du phénomène dans les différentes écoles (émanant plus ou moins du transcendantalisme kantien) [2]. La perspective est au contraire de part en part problématisante afin de faire surgir les enjeux *systématiques* de cette notion et de tout ce qu'elle met en œuvre [3]. – Quoi qu'il

---

1. Au-delà mais aussi en deçà de Husserl, donc incluant le kantisme et le postkantisme.

2. Il n'empêche que les différents aspects du phénomène offrent l'un des meilleurs prismes pour entrer dans la philosophie allemande (kantienne et postkantienne).

3. Face à une certaine technicité que les analyses du phénomène ne sont pas parvenues à éviter (et qui fait la difficulté réelle de l'approche de cette notion), cet essai cherchera dans une langue la plus claire possible à en présenter les élaborations essentielles et à élucider les arguments fondamentaux utilisés par les « phénoméno-logues ».

en soit, la notion de « phénomène » conservera partout le statut d'un « *singulare tantum* », pour ainsi dire, c'est-à-dire d'un concept philosophique *unitaire* justifiant pleinement cette appellation « du » phénomène.

Quelle est la différence fondamentale, sur le plan systématique, entre l'acception commune du phénomène (compris comme « un » phénomène) et l'acception plus technique « *du* » phénomène dont il sera question ici ? Cette différence consiste dans le fait que la seconde met en avant un aspect du phénomène que la première ignore et occulte. Cet aspect s'entend si l'on prend en considération le *sens propre* de cette notion.

« Phénomène » – « *phainomenon* » en Grec, « *Erscheinung* » en allemand – signifie d'abord « *apparition* ». Dans et à travers le phénomène quelque chose se manifeste, le phénomène fait apparaître ce quelque chose. Or, tandis que la première acception s'en tient exclusivement au versant « objectif » de l'apparition – elle a trait à *ce qui* apparaît et, au mieux, considère le lien éventuel entre *ce qui apparaît* (c'est-à-dire le « référent ») et son *apparition* (nous verrons quelles sont les difficultés impliquées par cette distinction) –, la seconde met en évidence le fait que tout phénomène implique autant – objectivement – un « apparaissant » (qui peut apparaître « en personne » ou manifester un référent qui, lui, n'apparaît pas) que – subjectivement – une instance « à qui » (ou « pour qui ») cet apparaissant apparaît. L'un des objectifs consistera alors à déterminer précisément le rôle du « sujet », de la « conscience », dans toute apparition. La question du phénomène devra donc être traitée dans l'horizon du rapport sujet-objet, qui détermine tout ce qui suivra. Et comprendre « le » phénomène signifie fondamentalement éclaircir le statut du « sujet » et de l'« objet » qu'il met en œuvre. Dans la mesure où la philosophie kantienne et post-kantienne s'inscrit très exactement dans cette perspective – mettant en jeu différentes modalités d'une dimension «inapparante» dans l'«apparition» –, on comprendra pourquoi nous nous focaliserons logiquement sur les auteurs les plus importants de cette tradition philosophique.

CHAPITRE PREMIER

LA PHÉNOMÉNOLOGIE « CRITIQUE »

LE CARACTÈRE NÉCESSAIREMENT « *PHÉNOMÉNAL* » DE LA CONNAISSANCE

Kant a toujours été extrêmement soucieux d'éviter, dans sa philosophie de la connaissance, toute « *Schwärmerei* », c'est-à-dire toute « exaltation » impliquant en particulier de recourir à des entités *transcendantes*, dépassant la sphère de ce qui est vérifiable et expérimentable par tout un chacun. C'est pourquoi il voulait s'assurer partout d'une « pierre de touche (*Probierstein*) », c'est-à-dire d'une sorte de garant ultime de la connaissance, attestant du bien-fondé de ce qui est à chaque fois avancé. Aussi pourrait-on penser que le « phénomène », en tant qu'il semble indiquer et exprimer un *donné apparaissant*, est précisément censé fournir ce premier appui stable dont toute connaissance doit impérativement disposer, si elle ne veut pas s'exposer aux doutes du sceptique. Or, la raison fondamentale pour laquelle Kant a introduit la notion de « phénomène » tient non pas à l'immédiateté d'une donation sûre et infaillible, mais plutôt à une certaine dimension « *hypothétique* » la caractérisant en propre. Et cela est dû à l'essence même de la connaissance dont il faut dès lors, au préalable, clarifier la nature.

Une connaissance, on le sait depuis Parménide et Platon, est fondamentalement caractérisée par une certaine *stabilité*. Si ce qu'elle affirme est « vrai » à un moment et « faux » à un autre, alors on n'a *pas* affaire à une connaissance. En termes kantiens : une connaissance, pour être une véritable connaissance, doit être « universelle » et « nécessaire ». Cela veut dire qu'elle exprime une généralité – intersubjective et omni-temporelle – incombant à chaque cas particulier qui correspond aux conditions définies initialement par elle, et qu'elle est déterminée précisément telle qu'elle est déterminée et pas autrement. Or, aux yeux du philosophe écossais David Hume, c'est justement cette prétention à l'*universalité* et à la *nécessité* qui pose problème.

En effet, l'auteur du *Traité de la nature humaine* a montré, à l'encontre du rationalisme d'un Descartes ou Leibniz, que dans la mesure où toute connaissance part *inéluctablement* de l'expérience sensible et dans la mesure où, par ailleurs, cette expérience ne nous met jamais en rapport qu'à des cas de figure *singuliers*, toute généralité ne peut valoir que pour l'ensemble de ces cas singuliers observés, mais jamais pour « tout » cas de figure « en général ». Si nous expérimentons que le soleil se lève « tous » les matins, on peut dire que, jusqu'ici, nous en avons pris l'« habitude » (constituant une sorte d'« instinct »), mais en aucun cas ne sommes-nous assurés qu'il se lèvera demain également.

Chez Kant, cette difficulté se traduit un peu différemment : la prétention à l'universalité et à la nécessité posent problème non pas parce que cela exigerait de vérifier leur validité pour *tous* les cas particuliers possibles ou que le monde ne serait pas (éventuellement) régi par des lois universelles et nécessaires, mais parce que l'on ne saurait établir comment *accéder* à cette dimension universelle et nécessaire. Notre accès au monde est médiatisé par les *sens*, et les sens ne nous donnent jamais qu'un *divers multiple*. En quoi consiste ici la différence d'avec la lecture de Hume? Pour Hume, du moins selon la lecture que Kant en propose, il n'y a pas de différence entre le plan de la connaissance grâce aux sens et celui d'un « réel » « au-delà » du donné sensible, entre la connaissance par les sens et la connaissance « tout court » (qui concerne le « réel » proprement dit, si l'on peut dire) renvoyant – voire s'identifiant – l'une à l'autre. Si je ne fais pas l'expérience d'une dimension universelle dans ce que me donnent les sens, c'est parce que le réel est constitué d'événements singuliers désordonnés; et, à l'inverse, les sens ne me donnant jamais qu'un divers chaotique, le réel s'avère être dépourvu de toute régularité nécessaire.

Pour le jeune Kant, qui fut un leibnizien convaincu, la connaissance ne posait pas de problème parce qu'il la concevait comme mettant en jeu une « harmonie préétablie » entre les vérités de fait et les vérités de raison, c'est-à-dire, en somme, entre les lois de la nature et les lois de la raison. Or, les choses changent du tout au tout dans sa phase « criticiste ». D'un côté, en pensant les limites de la raison dans sa recherche de l'inconditionné (relativement au caractère fini ou infini des concepts du temps et de l'espace), Kant a découvert le caractère « antinomique » et donc, « contradictoire » de la raison (ce qui met à mal le rationalisme « dogmatique »); d'un autre côté, l'argument de Hume l'a justement réveillé de son « sommeil dogmatique ». Pour ces deux raisons, le philosophe de Königsberg fut amené à remettre en question ses convictions rationalistes de jeunesse. Comme, par ailleurs, la physique newtonienne donnait un exemple très probant d'une connaissance effective, Kant s'est donc vu contraint de poser à nouveaux frais la question de la possibilité de la connaissance,

afin d'éviter de suivre Hume et donc de ne pas se rallier aux
conclusions sceptiques de ce dernier.

La solution consiste pour le Kant criticiste à introduire une
différence entre les deux plans évoqués à l'instant (c'est-à-dire
entre celui de la connaissance sensible des objets et celui de
l'«objectivité» proprement dite) – et la notion de «phénomène» y jouera précisément un rôle décisif. Certes, «toutes
nos connaissances commencent par l'expérience», mais cela
ne signifie absolument pas, selon une formulation archi-
célèbre, «qu'elles dérivent toutes de l'expérience». Qu'est-ce
à dire d'autre sinon qu'il faut établir, au sein de la connaissance, la distinction entre, d'une part, la participation de la
sensibilité à nos connaissances et, d'autre part, une dimension
permettant de prendre la pleine mesure de la réalité objective?
Pour le dire d'une façon prégnante: Kant instaure ici la
différence fondamentale entre le plan «esthétique» (au sens de
l'*aisthesis* grecque (= sensibilité)) et le plan «objectif».

Pour y voir clair, il faut comprendre le sens de la double
définition du phénomène dans la *Critique de la raison
pure*, plus exactement le *glissement de sens* qui y est opéré
(sans doute dû à une composition de l'ouvrage à partir de
textes écrits à plusieurs années d'intervalle). Dans le § 1 de
l'*Esthétique transcendantale*, Kant définit le phénomène
comme «objet indéterminé d'une intuition empirique». Plus
loin, le phénomène apparaîtra comme objet *déterminé* d'une
intuition[1]. Parfois, lorsque Kant a en vue le «phénomène» au

---

1. Kant ne définit pas *explicitement* le «phénomène» comme objet
*dé*terminé d'une intuition (alors que cette acception sera dominante dans
l'*Analytique transcendantale*, voir à ce propos le texte 1 de la deuxième partie).
Mais il est absolument clair que dans toute la théorie kantienne de la
connaissance – et en particulier dans la distinction entre «phénomènes» et
«noumènes» (cf. *ibid.*) – cette acception du phénomène est à l'œuvre, sinon le

premier sens du terme, il met entre parenthèses, après l'usage de l'« *Erscheinung* », le terme « *phaenomenon* » ; mais souvent, il les utilise aussi comme synonymes. En tout cas, le passage du premier au second correspond très exactement à celui du plan « esthétique » au plan « objectif ». Expliquons le sens de ces notions.

La théorie kantienne de la connaissance se place résolument sur le plan des « représentations ». La « *repraesentatio* » désigne ce que Kant entend en allemand par « *Vorstellung* » qui ne se recoupe pas avec la notion de « représentation » en français. Celle-ci laisse entendre que quelque chose qui a été présent auparavant se retrouve de nouveau présent, à savoir, précisément, dans un acte de « re-présentation ». La « *Vorstellung* » n'implique nullement une seconde (ou nième) présentation. Par « *Vorstellung* » il faut bien plutôt entendre le fait que quelque chose est « posé devant… ». Et ce qui est de la sorte posé devant est un « *Gegenstand* (objet, dérivant de *ob-iectum*) », c'est-à-dire, littéralement, quelque chose qui fait face, qui se tient contre … Mais « devant » quoi, « face à » quoi, « contre » quoi ? L'instance qui « fait face » à l'« objet », qui pose ce dernier « devant » elle-même, est le *sujet*. Aussi, la « représentation » désigne-t-elle la manière dont un sujet se rapporte à un objet. Comment se rapportent alors l'un vis-à-vis de l'autre la « représentation » et le « phénomène » ?

Kant distingue fondamentalement entre deux manières de se rapporter à un objet, mettant en œuvre les deux « souches »

---

sens de l'« analytique de l'objet » (se substituant à l'« ontologie » de la « chose en soi ») proposée dans l'*Analytique transcendantale* ne serait pas compréhensible. Dans la mesure où Kant utilise souvent la notion d'« objet » pour désigner le « phénomène » dans le second sens du terme, nous introduisons ici la distinction entre le plan « esthétique » et le plan « objectif » afin de rendre compte de cette distinction entre les deux acceptions du « phénomène ».

de la connaissance, à savoir la *sensibilité* (identifiant le point commun entre nos cinq sens) et l'entendement (qui désigne la faculté de penser[1]). Lorsque je me rapporte à un objet de façon *immédiate*, c'est-à-dire de manière directe et de façon telle que je sois face à l'objet *individuel* et *singulier*, on a affaire à la représentation spécifique de la sensibilité que Kant nomme « *intuition* ». En revanche, lorsque je me rapporte à un objet de façon *médiate*, c'est-à-dire en en abstrayant les caractéristiques *générales*, il s'agit de la représentation spécifique de l'entendement appelée « *concept* ». Or, pour répondre à la question posée à l'instant, concernant le rapport entre « représentation » et « phénomène », il faut tenir compte d'une autre précision essentielle (que l'on ne trouve chez Kant certes que de façon implicite). Extérieurement, on peut opposer le « sujet », compris comme « conscience *empirique* », à l'objet se tenant face à lui. C'est dans ce sens ordinaire que la « *représentation* » met en œuvre le rapport entre « sujet » et « objet ». En revanche, ce rapport sujet-objet se trouve *intégré* dans la structure que Kant nomme « *phénomène (Erscheinung)* ». Ici, le sujet n'est pas une conscience empirique *face à* l'objet, mais la dimension « subjective » appartient intrinsèquement au phénomène lui-même. Clarifions-en le statut.

Il ne faut pas confondre, chez Kant, le statut spécifique de l'intuition et du concept avec leur acception courante (qui les appréhende comme des représentations ou idées « mentales »). L'« intuition » ne désigne pas une « représentation » interne à la conscience, face au monde extérieur peuplé d'objets, mais l'intuition « est » l'objet, dans son caractère individuel et

---

1. « Penser » ne signifie pas, pour Kant, « penser à quelque chose », « se figurer quelque chose », etc., mais « *unifier* » (un divers donné grâce aux sens). Aussi le penser requiert-il inéluctablement une « matière » lui provenant « du dehors ».

singulier, sachant – et c'est capital – qu'il ne s'agit pas là de l'objet tel qu'il est « en soi », mais en tant qu'il est précisément dans un rapport intrinsèque au sujet. Mais que signifie précisément ce rapport « interne » ou « intrinsèque » ? Comment faut-il concevoir le statut du sujet vis-à-vis du phénomène ?

Le premier sens du phénomène (le *phaenomenon* en tant qu'»objet indéterminé d'une intuition empirique ») date de l'époque où Kant hésitait à nommer l'*Esthétique transcendantale* une « Phénoménologie ». Le « phénomène » y désigne l'« objet » pris comme pure entité sensible, composée exclusivement de ses « formes » *a priori* (le temps et l'espace) (nous y reviendrons) et son « contenu » (les « sensations » comprises comme « données sensibles »). Kant a conservé cette définition au début de l'*Esthétique transcendantale*. Compte tenu de l'usage du « phénomène » au-delà de l'Esthétique, ce choix terminologique ne se justifie plus. En effet, « objet *indéterminé* d'une intuition empirique » signifie que l'on fait abstraction ici de toute « détermination » *par l'entendement*. Or, dès le début de l'analytique *transcendantale*, le « phénomène (*Erscheinung*) » – utilisé donc ici dans le second sens, dans le sens définitif que conservera la première *Critique* – inclut précisément la détermination par l'entendement. Pour pouvoir déterminer le rôle du sujet dans cette acception du phénomène, il faut préciser la nature de cette « détermination ».

Que l'entendement « détermine » l'objet donné dans l'intuition doit être compris de deux façons – sur un plan « empirique » et sur un plan « transcendantal ». Même si Kant n'opère pas cette distinction entre ces deux modalités de la détermination, elle est pourtant de la plus grande importance pour la compréhension du sens du phénomène dans l'économie générale de la première *Critique* (clarifiant celle entre les deux plans, indiquée plus haut, qui permet de « sauver la connaissance » contre Hume). Que nous puissions d'une manière générale connaître des objets est soumis à des *conditions*. Le rôle de la sensibilité (exposé dans l'*Esthétique transcendantale*) est de rendre possible la *donation* d'un « phénomène » (au sens du *phaenomenon*), c'est-à-dire le fait que nous puissions être « affectés » par lui, que nous puissions tout simplement le « rencontrer »; la fonction de l'entendement (développée dans l'*Analytique transcendantale*) est d'établir comment le divers (chaotique et désordonné) de l'intuition (donc toujours du « phénomène » au premier sens) peut être unifié et synthétisé dans un objet. Quelles sont alors les conditions caractérisant spécifiquement la sensibilité et l'entendement?

L'un des apports originaux de l'*Esthétique transcendantale* consiste dans le fait de montrer que la donation immédiate d'un « objet » aux sens « ne va pas de soi », mais suppose une condition conférant à ce dernier une dimension « *a priori* », c'est-à-dire *indépendante de cette même expérience par les sens*. En effet, Kant établit avec force qu'il ne suffit pas d'ouvrir les yeux pour voir (pour voir le monde, les objets, etc.), mais, au contraire, que quelque chose ne peut m'apparaître que si ce quelque chose correspond aux formes *a priori* de la sensibilité que sont le temps et l'espace. Ceux-ci ne sont pas des dimensions « réelles » de ce qui se présente aux sens. Ils ne sont rien qui appartiendrait au monde en lui-même. Le temps et l'espace sont les *conditions a priori*, « apportées » par le « sujet », qui rendent possible que quelque chose puisse d'abord « nous » apparaître. Le temps et l'espace sont les conditions premières du phénomène et de la phénoménalité. Et c'est dans la mesure où ils ne sont pas réels, mais des *conditions* de l'apparaître de quelque chose de réel, qu'ils sont des conditions *transcendantales* (sachant que le transcendantal est précisément défini par le fait de ne pas concerner les objets,

« mais notre connaissance des objets, en tant que celle-ci doit être possible *a priori* »).

L'entendement est lui aussi caractérisé par des conditions transcendantales. En effet, le temps et l'espace répondent seulement de la *donation* de l'objet, mais non pas de leur *unité* et de leur *synthèse*. Lorsque j'ouvre les yeux, je vois un tableau. En les rouvrant une seconde fois après les avoir fermés, que vois-je? Rigoureusement parlant, les sens – en l'occurrence les yeux – me présentent *un* tableau. Sur le plan sensible, soulignons-le, *rien* ne m'indique qu'il s'agit du *même* tableau. L'identité d'un objet n'est pas donnée grâce à la sensibilité. Pour Kant, elle relève de l'entendement. Cela ne veut pas dire que je dois à chaque fois penser l'identité de l'objet pour qu'il soit effectivement identique (ce qui est absurde), mais que la pensée d'un objet est conditionnée (transcendantalement) de telle manière que l'« objet » dans l'intuition se trouve « formé » (c'est-à-dire « unifié » et « synthétisé ») justement comme « identique ». D'une façon plus générale, Kant appelle « catégories » les points de vue selon lesquels le divers donné dans l'intuition est *a priori* unifié – en particulier eu égard à sa quantité (c'est-à-dire son unité, sa pluralité – sa grandeur – ou sa totalité), à sa qualité (c'est-à-dire à la possibilité d'être « qualifié » par des attributs), à sa relation (c'est-à-dire à son identité à travers le temps et à son inscription dans des rapports de causalité) et à sa modalité (c'est-à-dire à sa possibilité, effectivité ou nécessité).

Or, lorsque Kant conçoit le « phénomène (*Erscheinung*) » comme objet *déterminé* d'une intuition, qui en est l'acception définitive et dominante dans la *Critique de la raison pure*, cette détermination est justement effectuée par l'entendement. Voyons à présent comment il faut exactement comprendre le pouvoir déterminant de ce dernier.

La détermination du divers sensible donné dans l'intuition a lieu, nous l'avons déjà dit, à un double titre – sur un plan *transcendantal* et aussi sur un plan *empirique*. On ne peut comprendre le sens exhaustif du phénomène chez Kant que si l'on prend en considération cette *double* dimension.

Concernant la « détermination *transcendantale* » de l'objet de l'intuition, celle-ci correspond très exactement au rôle des conditions transcendantales de l'entendement dans l'unification et la synthèse de cet objet (dont il a été question à l'instant). La « mise en forme » de la sensation par les formes *a priori* de la sensibilité – le temps et l'espace – ne constitue qu'une *unité minimale* de l'objet – à savoir, précisément, son *individuation spatio-temporelle*. La détermination *quantitative, qualitative, substantielle, causale, modale*, etc. (*cf.* plus haut) de l'objet *lui est en revanche apporté* « *du dehors* » (Kant insiste toujours sur l'hétérogénéité qualitative entre ces deux « souches » de la connaissance et sur le rapport d'extériorité qu'elles ont l'une vis-à-vis de l'autre). Et ce, en raison même de la nature de la sensibilité et de l'entendement (la première se rapportant à l'objet eu égard à ses caractéristiques *individuelles et singulières*, le second eu égard à ses caractéristiques *générales*) : ce n'est en effet que grâce aux catégories de l'entendement – c'est-à-dire aux formes *a priori* de l'entendement ou encore aux formes *a priori* de tout objet – qu'il est possible de parler d'un « objet » *en général*.

Cet aspect de la détermination de l'objet de l'intuition est très connu, nul besoin de le développer davantage. En revanche, il convient d'insister de manière plus approfondie sur ce que l'on pourrait appeler la dimension *empirique* de cette détermination.

Kant écrit tout au début de la *Logique transcendantale* de la *Critique de la raison pure* : « Des pensées sans contenu sont vides, des intuitions sans concepts sont aveugles[1]. » Et il insiste à de nombreuses reprises sur la nécessité, pour la constitution d'une connaissance, de la correspondance entre la sensibilité et l'entendement, entre l'intuition et le concept. Ce qui fournit un contenu aux pensées (aux concepts), c'est l'intuition sensible (c'est-à-dire une sensation formée spatio-temporellement). Mais dans quelle mesure les concepts empêchent-ils, quant à eux, l'intuition d'être frappée de cécité et lui permettent-ils de « voir » quelque chose ?

Certes, comme nous venons de le voir, les concepts *a priori* rendent possible la structuration (elle aussi *a priori*) de tout objet *en tant qu'*objet. Mais ce n'est pas tout. Même si l'on n'y insiste pas souvent, force est de constater qu'une détermination *empirique* entre ici également en jeu. Prenons encore une fois l'exemple du tableau. Lorsque je dirige le regard sur lui, les catégories permettent entre autres, de délimiter cet objet du mur qui l'entoure, de l'identifier, de l'inscrire dans un rapport causal, etc. Tout cela fait certes de cet objet un objet « en général », mais ne permet nullement de l'identifier *en tant que* tableau (et non pas en tant qu'écran ou n'importe quel *autre* objet). C'est ici qu'intervient la détermination empirique de l'objet de l'intuition (qui éclaire définitivement le sens de la correspondance nécessaire entre l'intuition et le concept et complète par là cette analyse de la nature du phénomène). Quand je vois cet objet, je vois toujours à la fois un *individu* – ce tableau-ci, donc *le* tableau – et le fait qu'il soit *un* tableau

---

1. *Critique de la raison pure*, A 51/B 75 (nous citons toujours la pagination des deux premières éditions originales que l'on trouve en marge de la traduction française : E. Kant, *Critique de la raison pure*, trad. fr. par A. J.-L. Delamarre et F. Marty à partir de la traduction de J. Barni, Paris, Gallimard, 1980).

– c'est-à-dire un tableau *en général*. Et pour que l'intuition ne soit précisément pas aveugle, il faut non seulement qu'elle soit déterminée par les catégories eu égard à la *forme*, mais encore, dans une certaine manière, par une « pensée » eu égard au *contenu* : cette pensée n'est pas simplement, comme pour les empiristes, un concept général obtenu par *abstraction* à partir des données sensibles caractérisant un objet individuel, mais elle est ce qui détermine un objet en tant que tombant sous tel ou tel concept général (ici : sous le concept de « tableau »). *Et cette détermination* (en plus de la « détermination transcendantale ») *caractérise précisément le phénomène au sens « exhaustif » du terme*. Dans une perception concrète, je « vois » à la fois un *individu* et son appartenance à un (plan de) sens *général*. Le concept (empirique), même si bien entendu on ne le « voit » pas réellement, ne « colle » pas moins à l'objet individuel et, dans une *connaissance* (comprise de façon correcte), nous avons en effet toujours affaire *et* à l'intuition *et* au concept[1] (dans la *double* signification de la « catégorie » et du « concept empirique ») – d'où cette insistance permanente, donc, de la part de Kant sur la nécessaire correspondance entre le concept et l'intuition en tant que condition de possibilité de toute connaissance. Voilà comment il faut donc comprendre l'acception du « phénomène » comme objet *dé*terminé d'une intuition : le phénomène (l'*Erscheinung* au sens inédit du terme chez Kant) est le « phénomène » (au sens initial, classique, du « *phaenomenon* ») en tant qu'il est formé *a priori* par les catégories et déterminé *a posteriori* (pour ainsi dire – du

---

1. Cette même idée se retrouve de manière actualisée et approfondie dans la distinction husserlienne (effectuée dans les *Ideen I*) entre « faits » et « essences ».

moins pour les fins de la connaissance[1]) par un concept empirique. Mais la sensation, le temps et l'espace, les catégories et la détermination générale de l'objet ne se laissent séparer par abstraction (par le philosophe) qu'en vue de l'analyse critique; le phénomène concret les tient tous ensemble dans une unité concrète.

On comprend dès lors quel est le statut du «sujet» dans cette détermination du «phénomène». La philosophie transcendantale de Kant n'est pas un «idéalisme de production», c'est-à-dire que l'objectivité n'est pas engendrée *ex nihilo* par le sujet (pour bien souligner ce point, Kant a rajouté dans la deuxième édition de la *Critique de la raison pure* une «réfutation de l'idéalisme»). – Il y a en effet un *réalisme* très prononcé chez le père fondateur du transcendantalisme. – Comme nous l'avons déjà dit plus haut, la question de départ est celle de la légitimation de la connaissance. Cela exige – comme pour toute science d'ailleurs (*cf.* la *Préface* de la deuxième édition de la *Critique de la raison pure*) – la mise en évidence d'une dimension *a priori* dans ce qu'elle prétend connaître. Cette dimension *a priori* a ici été découverte à travers les formes *a priori* de la sensibilité et de l'entendement. Si Kant la rattache au «sujet», c'est parce qu'il a jugé utile de la mettre en évidence au niveau de nos facultés de connaître. Mais ce n'est pas là le point essentiel (d'autant que cela lui a valu des malentendus de la part de tous ceux qui interprétaient le sujet transcendantal de manière psychologique). L'essentiel est de bien voir que si nos connaissances reposent *toujours* sur l'expérience, cette même expérience n'en admet pas moins des

---

1. Mais pas uniquement : je peux très bien *croire* (par exemple de loin) que je perçois un chien alors qu'il s'agit en vérité d'un chat. Mais pour pouvoir reconnaître, dans cette perception, le chien *en tant que* chien, le *concept* de chien est bel et bien requis.

conditions nécessaires qui sont précisément *indépendantes* de l'expérience. Et c'est cela la portée de l'idée d'un « sujet » : cette dimension *a priori* ne pouvant par principe et par définition provenir de l'expérience, il faut la « situer » quelque part – et ce « lieu » (qui est évidemment en dehors de tout espace et de tout temps expérimentable) s'appelle chez Kant précisément le « sujet transcendantal ».

On présente souvent – et à juste titre – le projet fondamental de la philosophie transcendantale kantienne de la connaissance comme celui visant à démontrer la possibilité de « jugements synthétiques *a priori* » dans la philosophie. Dans sa propre définition d'une science, ce type de jugement occupe en effet une place centrale. En dehors de l'opposition classique entre les jugements analytiques (indépendants de l'expérience) et les jugements synthétiques (nécessitant un recours à l'expérience), Kant introduit en effet un troisième type – les « jugements synthétiques *a priori* ». Tout jugement relie un « prédicat » (attribut) à un « sujet » (grammatical). Un jugement est dit « analytique » lorsque le prédicat est « contenu » dans le sujet (par exemple dans : « Un célibataire est une personne non mariée »). Un jugement est synthétique lorsque le fait de savoir s'il est vrai suppose de recourir à l'expérience (par exemple dans : « Sur la place centrale de Sienne se trouve actuellement une grue »). Un « jugement synthétique *a priori* » est alors un jugement reliant un prédicat à un sujet qui n'est pas contenu en lui et ce, *sans recourir à l'expérience*. Kant définit donc une science par sa capacité à établir des jugements synthétiques *a priori*[1].

---

1. Nous indiquerons plus loin quelles conséquences importantes découlent de cette détermination (mettant en rapport l'apriorité et la synthéticité) par rapport au statut du phénomène.

Or, la possibilité *en philosophie* d'établir des jugements synthétiques *a priori* tient précisément au caractère *phénoménal* de la connaissance. Ou, inversement, Kant a d'abord dû montrer que les objets de nos connaissances sont des phénomènes pour que la connaissance philosophique puisse valoir comme une connaissance scientifique. C'est cela le sens profond de la « révolution copernicienne » que Kant prétend avoir accompli en philosophie (en détrônant par là l'ancienne métaphysique et son ontologie de la « chose en soi »). Et nous pouvons alors enfin justifier dans quelle mesure le « phénomène » ici mobilisé possède un caractère *hypothétique*.

Le temps, l'espace et les catégories sont des conditions *transcendantales* de l'expérience (et partant de la connaissance). Cela veut dire qu'ils ne sont « rien » en soi, ils sont des conditions qu'il faut *supposer* pour que l'expérience soit *possible*. Et c'est *précisément dans la mesure où ils n'admettent pas d'expérience d'eux-mêmes qu'ils rendent l'expérience possible* – autrement, s'il y en avait une expérience, il faudrait encore aller plus loin dans la recherche de leur condition de possibilité. Puisqu'ils sont les éléments des « objets » compris comme « *phénomènes (Erscheinungen)* », les phénomènes ont ainsi un caractère hypothétique (leurs conditions transcendantales en ayant un). Mais ce n'est pas tout. Le caractère hypothétique du phénomène chez Kant s'étend au-delà de l'hypothéticité de ses éléments. La conséquence ultime de la philosophie théorique de Kant pour le statut des phénomènes est que ces phénomènes sont simplement *hypothétiques* précisément parce qu'autrement, on n'est pas en mesure d'expliquer pourquoi les objets de nos connaissances ont un caractère *a priori, condition sine qua non* de toute scientificité. Le déploiement de certains points fondamentaux de la théorie kantienne de la connaissance avait précisément pour but de le montrer.

Nous voudrions clore ces réflexions avec une remarque qui aura des conséquences importantes pour la suite. – Le temps et l'espace, d'un côté, et les catégories, de l'autre, sont les conditions *a priori* (« sensibles » et « intelligibles ») de l'objet, ils sont les conditions transcendantales du phénomène et de la phénoménalité. Cette dimension transcendantale constitue le *point commun* entre ces deux types de conditions. Il n'empêche qu'il y a aussi une *différence* importante entre eux. Nous avons vu que le temps et l'espace sont les conditions pour qu'un « objet » (dans sa dimension exclusivement « esthétique ») soit *donné*. Les catégories, en revanche, répondent de l'*unité* et de la *synthèse* de l'objet (dans son acception désormais complète et entière). Mais ce conditionnement transcendantal n'est pas le même du point de vue « *ontologique* ». Les synthèses opérées par les catégories (ainsi que les « synthèses transcendantales de l'entendement » dont Kant traite dans le chapitre de la « Déduction transcendantale des catégories (1781) ») n'indiquent rien eu égard à l'être même *et en soi* de la chose. L'argument de Kant est le suivant : nous ne savons pas si telle chose – cela peut être un corps inerte autant qu'un être vivant *du point de vue de son appartenance à une expérience possible* – est *identique en soi*. Mais *pour les besoins de la connaissance*, il faut que le sujet transcendantal forme le divers sensible selon la catégorie de la « substance » afin que l'on puisse faire l'expérience de l'identité de l'objet. Ou pour prendre un autre exemple : *en soi*, nous ne savons pas si les rayons solaires sont effectivement la *cause* de l'échauffement de la pierre exposée au soleil. Nous ignorons tout d'une « causalité *en soi* ». Pour que l'*expérience* puisse se présenter telle qu'elle se présente – c'est-à-dire pourvue de rapports causaux – il faut supposer l'activité synthétique du sujet transcendantal (c'est-à-dire de ce que Kant appelle l'« aperception transcendantale » (désignant le sujet transcen-

dantal en tant qu'il est « conscient » de lui-même *a priori*)).
Cette dimension *rigoureusement hypothétique*[1] semble être
singulièrement relativisée pour les conditions transcendantales *sensibles*. Kant ne dit pas que pour qu'un « objet » puisse
nous être donné, il faut *supposer* le temps et l'espace, en
laissant indéterminée la question de savoir si à cette donation
correspond quelque chose « en soi ». Alors que pour les catégories, rien[2] dans l'objet ne doit « correspondre » par exemple
à la catégorie de la causalité pour que le sujet transcendantal
relie le divers sensible selon cette dernière, ce qui signifie
que cette œuvre du sujet transcendantal est en effet purement hypothétique, une donation d'un « objet » sensible en
revanche, n'est possible que si celui-ci « correspond » aux
formes *a priori* de la sensibilité. Autrement dit : tandis que les
liens catégoriaux sont purement hypothétiques, Kant confère
au temps et à l'espace une certaine « réalité » qui dépasse la
seule réalité empirique (car, autrement, l'idée de « correspondance » n'aurait aucun sens). Cela a une conséquence très
importante pour le statut du phénomène, car l'espace – et
surtout le temps – s'avèrent dès lors posséder un rôle déterminant pour ce dernier. Nous verrons que cela se confirmera dans
l'approche *phénoménologique* du phénomène.

1. Remarquons toutefois que dans la deuxième édition de la première
Critique, l'aperception transcendantale acquiert un statut assertorique, voire
catégorique : elle est posée comme *factum rationis*, dont, singulièrement, il y a
intuition immédiate, et sans laquelle un rapport à l'objet ne serait même pas
pensable. Nous remercions N. Boulet pour cette remarque judicieuse.

2. Kant introduit certes la notion d'« affinité » pour indiquer que quelque
chose doit bel et bien correspondre à la chose en soi pour que l'entendement soit
motivé à opérer telle ou telle synthèse catégoriale, mais il conclut en affirmant
que c'est la « fonction transcendantale de l'imagination » qui rend possible
l'« affinité des phénomènes ». La synthèse catégoriale tient donc radicalement
au pouvoir synthétique de l'aperception transcendantale.

Chapitre II

LA PHÉNOMÉNOLOGIE « SPÉCULATIVE »

Le phénomène de l'absolu

Nous avons vu que chez Kant, la notion de « phénomène » a été introduite afin de rendre compte du caractère *a priori* de nos connaissances (condition qui doit être remplie si l'on veut ériger la connaissance philosophique en connaissance scientifique). La légitimation de la connaissance met alors en œuvre une argumentation d'un nouveau type – l'« argumentation *transcendantale* » (n'établissant pas ce qui *est* au principe de la connaissance, mais ce qui doit être *supposé* pour que la connaissance soit *possible*) –, en vertu de laquelle on peut conférer au phénomène un statut seulement *hypothétique* (nous ignorons si l'étant *est* « en soi » tel qu'il apparaît, mais il faut du moins qu'il *apparaisse* ainsi pour que précisément une connaissance en soit possible). Or, compte tenu du fait que, premièrement, le projet transcendantal et criticiste consiste à établir ce qui rend une synthéticité *a priori* possible, que l'apriorité concerne l'universalité et la nécessité et que, du coup, il y va du rapport entre le *possible* (l'*hypothétique*) et le *nécessaire* (le *catégorique*); que, deuxièmement, Kant a montré que ce qui rend possible la connaissance, ce sont les formes *a priori* de la sensibilité et de l'entendement qui n'ont qu'un statut hypothétique; il s'ensuit, troisièmement, que la synthéticité *a priori* est fondée dans une hypothéticité qui contamine, nous insistons, la nature même du phénomène (lequel a donc à son tour un statut seulement hypothétique).

On peut maintenant se demander si cette démonstration est vraiment aussi rigoureuse et infaillible que Kant semble le prétendre. Au lieu d'apporter toutes sortes d'objections *de l'extérieur*, donnons d'abord la parole à Kant lui-même. Il nomme, dans le chapitre de la «Déduction transcendantale des catégories» de la deuxième édition de la *Critique de la raison pure*, le «point suprême» de la philosophie transcendantale l'«*unité synthétique de l'aperception transcendantale*». Comme il apparaît surtout dans la première édition de ce chapitre, l'œuvre fondamentale de celle-ci consiste à faire apparaître l'unité d'elle-même (en tant qu'aperception (= conscience de soi) justement) à travers l'unification synthétique des objets (en tant que ces derniers relèvent d'une synthèse du divers)[1]. Et cette activité – *synthétique* et *a priori* – n'est pas simplement *supposée*, mais *elle doit nécessairement s'effectuer* si ce point suprême de la philosophie transcendantale ne doit pas être suspendu dans le vide[2]. Autrement dit, on peut se demander si Kant, dans sa tentative de faire reposer la connaissance sur sa base nécessairement hypothétique, n'a pas découvert par là-même (d'une certaine façon «malgré lui») un fondement *catégorique* de la connaissance (en tout

---

1. Voir Kant, *Critique de la raison pure*, «De la synthèse de la recognition dans le concept», en particulier A 109.

2. Voir la note 1 page 29 à propos du changement de perspective relatif au statut de l'aperception transcendantale dans la deuxième édition de la première *Critique*.

cas, c'est ce que semble indiquer sa propre récapitulation de la déduction transcendantale des catégories). C'est très exactement *ici*, dans ce « passage » entre une synthèse *a priori* soi-disant exclusivement *hypothétique* et une activité synthétique nécessairement *catégorique*, que se situe en tout cas le différend fondamental entre le transcendantalisme kantien et l'idéalisme post-kantien. Et c'est également ici que le concept de « phénomène » acquiert un tout autre sens. La question n'est plus désormais celle d'une nécessaire inscription de la *connaissance* dans la sphère phénoménale demeurant *hypothétique*, mais au contraire, le principe *catégorique* de la connaissance ayant été *atteint*, celle de la *phénoménalisation du principe*. Nous en développerons à présent les deux élaborations les plus importantes (en dévoilant par là-même leurs points de désaccord) – celle de Fichte et celle de Hegel.

LA DOCTRINE DE LA SCIENCE
COMME DOCTRINE DU PHÉNOMÈNE

La notion de « phénoménologie » trouve pour la première fois sa lettre de noblesse *dans une perspective théorique* chez Fichte. Si les exposés tardifs de la Doctrine de la Science (notamment à partir de 1812) identifient sans cesse « *Wissenschaftslehre* » et « *Phänomenologie* », une première mention explicite se trouve déjà dans la seconde version de l'exposé de 1804 où la seconde partie, intitulée « *Erscheinungslehre* (doctrine de l'apparition ou du phénomène) », succède à la « *Wahrheitslehre* (doctrine de la vérité) » ou « *Vernunftslehre* (doctrine de la raison) ». Nous nous contenterons ici d'insister avant tout sur ce texte magistral (probablement l'élaboration de la Doctrine de la Science la plus accomplie parmi la vingtaine de versions existantes) où le « phénomène » intervient à un double titre. Fichte traite d'abord de l'importance du

« phénomène » dans la saisie du principe de toute connaissance transcendantale (il justifie par là, à rebours, la perspective kantienne) (premier point); et il explique ensuite pourquoi la philosophie transcendantale en tant qu'elle déploie ce principe *se phénoménalise* à son tour (second point).

La conception du phénomène élaborée par Fichte est de part en part tributaire – et ce, dès l'*Assise fondamentale de la doctrine de la science de 1794-1795* – de sa lecture du « principe suprême de la philosophie transcendantale ». Comme celle-ci fonde sa propre philosophie qu'il nomme « *Wissenschaftslehre* », dont la traduction correcte n'est pas « *doctrine* de la *science* », mais « enseignement engendrant le savoir », il convient d'abord de dire un mot à propos de son statut.

La *Wissenschaftslehre* a vu le jour quand Fichte a eu l'« *Einsicht* (vision ou compréhension) originaire » de son principe. Celui-ci est le « pouvoir synthétique » de l'« apperception transcendantale » kantienne que Fichte traduit dans cette première version de la Doctrine de la Science par : « activité originaire » du « Moi absolu ». Pour Kant, il n'y a pas *d'abord* une conscience de soi *constituée* face à un objet lui aussi *constitué*, mais l'unité de l'apperception se constitue (ou, du moins, apparaît) dans et à travers ses actes de synthèse qui constituent seulement (et à leur tour) l'objet en son unité. Fichte se demande de quelle nature peut être ce pouvoir de synthèse *avant* toute constitution d'unité – et il appelle précisément ce pouvoir une « activité originaire », en amont de toute substantialisation, de toute objectivation et de toute réification. Celle-ci est identique au « Moi absolu » qui, par là, se pose soi-même. Il n'y a pas ici de mystérieuse instance omnipotente productrice de la matérialité du réel, mais le « Moi absolu » n'est que la « prise au sérieux », pourrait-on dire, de l'affirmation d'un principe suprême de la philosophie transcendantale *s'assumant comme tel*, c'est-à-dire qui – en tant que principe *et* en tant qu'aperception – est un principe conscient de lui-même (dans et à travers son auto-position). Et ce qui ne sert pas de simple justification après coup, mais constitue précisément l'essence profonde de ce « Moi », c'est qu'il est en son cœur « principe » et « être » autant que « *phénomène* » – et ce, non seulement de lui-même, mais encore du sens de cela même qu'il rencontre[1].

Dans la mesure où le concept d'un « Moi absolu » a donné lieu à trop de confusions et de contre-sens, Fichte a abandonné l'usage de ce terme à partir de 1800. Dans la *Doctrine de la Science de 1804/II*, il inscrit sa réflexion à propos du principe de la philosophie transcendantale et de sa phénoménalisation dans un contexte kantien plus large qui ne se limite pas à la seule philosophie théorique de Kant, mais intègre les trois *Critiques* (en mettant en évidence les principes respectifs de chacune de ces *Critiques* et en les réinterprétant dans un schéma exprimant la « vérité » du principe de la connaissance transcendantale). Pour Fichte, la découverte fondamentale du transcendantalisme consiste dans le fait que la philosophie se doive d'ores en avant d'ancrer toute recherche d'un principe dans la *corrélation être-penser* (donc non plus dans le seul être (« en soi »), comme cela a toujours été le cas dans la métaphysique traditionnelle). Mais qui dit « corrélation » (c'est-à-dire « dualité ») doit en même temps admettre une « unité » des deux membres de cette corrélation, étant donné que philo-

---

1. Que se clarifie également par là le rapport entre « phénomène » et « noumène » chez Kant (*cf.* le texte 1), c'est ce qu'a montré L. Guyot dans son excellent article « L'idée de commencement chez Fichte. À propos d'un malentendu sur le sens du premier principe », dans *Comment fonder la philosophie ? L'idéalisme allemand et la question du principe premier*, G. Mamasse, A. Schnell (éd.), Paris, CNRS éditions, 2014.

sopher signifie (depuis toujours et à jamais) : « ramener toute dualité à une unité ». La perspective génétique de la doctrine de la science consiste alors à montrer comment la dualité se laisse ramener à l'unité, et comment, à l'inverse, cette même dualité procède de cette unité. Pour réaliser cette fin, Fichte introduit une figure réflexive à trois termes (l'être, le concept (= le penser = le phénomène) et la lumière) (que nous appelons le « schéma c-l-e »[1]) qui s'énonce comme suit (nous le rapportons et le traduisons librement) : si la lumière (= le principe) doit se phénoménaliser, il faut que le concept (= le phénomène) soit anéanti ; mais pour pouvoir être anéanti, il faut qu'il soit d'abord posé. En même temps qu'il est anéanti se dépose un être absolument inconcevable (c'est-à-dire non phénoménalisable), lequel être est autant l'être de la lumière, du principe, que le porteur de toute réalité (en tant que cette dernière est au contraire bel et bien phénoménalisée). Développons et expliquons la teneur de ce « schéma c-l-e ».

Kant a cherché à fonder et à légitimer la connaissance en mettant en évidence une « connaissance » spécifique qu'il a appelée dans l'Introduction de la deuxième édition de la *Critique de la raison pure* la « connaissance transcendantale » (une « connaissance qui s'occupe de notre manière de connaître les objets en tant que celle-ci doit être possible *a priori*[2] »). Pour Fichte, celle-ci doit s'auto-légitimer non seulement *hypothétiquement* (comme chez Kant), mais *catégoriquement* (= le projet des philosophes au moins depuis Aristote). Une telle connaissance n'est pas une connaissance d'un *objet*, mais une connaissance *de la connaissance*, c'est-à-dire une

1. Pour plus de précisions à propos de ce « schéma Concept-Lumière-Être », *cf.* notre ouvrage *Réflexion et spéculation. L'idéalisme transcendantal chez Fichte et Schelling*, Grenoble, J. Millon, 2009.

2. *Critique de la raison pure*, B 25.

connaissance ou un savoir *délié(e)* de tout objet – c'est pour cela qu'il l'appelle un « savoir *absolu* » (dans un autre sens que Hegel, nous y reviendrons). La Doctrine de la Science consiste à établir ce « savoir absolu ».

Or, pour que la connaissance transcendantale soit légitimée, pour que le savoir absolu puisse être déployé, il faut non seulement que son principe existe mais encore que celui-ci soit exposé de façon appropriée. Une façon non appropriée est de se contenter d'en affirmer le statut de simple « condition de possibilité », parce qu'un caractère seulement hypothétique est trop faible pour lui assurer le statut de principe de toute connaissance. Une autre façon inappropriée est de poser ce principe de façon assertorique parce que cela revient à une position dogmatique. Pour éviter ces deux écueils, Fichte introduit une nouvelle figure logique, qu'il appelle le « *Soll* » (= « Doit »), et qui permet de déployer le principe de façon hypothétique (contre le dogmatisme), tout en dévoilant, *dans* cette hypothéticité, un caractère catégorique (contre le scepticisme). Cette figure met ainsi en évidence ce que l'on peut nommer une « hypothéticité catégorique », caractéristique fondamentale du transcendantal compris dans toute sa radicalité (nous verrons dans notre commentaire du texte 2 qu'il y en aura un écho, chez Heidegger, dans le « paragraphe méthodologique » de *Sein und Zeit*). Comment intervient dans ce contexte le « phénomène » ?

Le « phénomène » joue ici un rôle absolument déterminant. Fichte l'introduit à travers un double mouvement de *position* et d'*anéantissement*. L'idée – subtile – de Fichte est la suivante : certes le principe est *absolu*, il est, pour ainsi dire, « clos » en soi et n'a besoin de rien d'autre pour être ; *en même temps*, il n'est que pour autant qu'il se manifeste. Le principe est à la fois être en soi et être en dehors de soi. Cet « à la fois » ne peut être pensé que dans le double mouvement d'une *position* – dans le penser, dans la conscience, dans le phénomène – et d'une *annihilation* de cette même position. Ou pour le dire d'une autre manière : le phénomène (le penser, la conscience) est la condition du principe d'une double façon. D'une part, le phénomène permet de rendre conscient le principe, et, d'autre part, dans la mesure où la conscience scindée fait obstacle à la saisie du principe en son unité, il permet de l'élever à une conscience « supérieure » (appelée par Fichte « lumière » ou « raison » qui s'avère en réalité être le principe lui-même !) qui ne peut devenir effective qu'à travers l'anéantissement de la conscience inférieure (ou du phénomène). Le double mouvement de la « position » et de l'« anéantissement » contamine ainsi intrinsèquement l'essence du phénomène.

Dans les versions les plus tardives de la Doctrine de la Science, la question du statut du « phénomène » acquiert une importance encore plus accrue. Fichte réfléchit le schéma « c-l-e » et élimine non pas des insuffisances inhérentes à ce dernier, mais des faiblesses d'exposition pouvant aboutir là encore à des malentendus. Il peut en effet sembler que, dans les versions du milieu des années 1800 de la Doctrine de la Science, une certaine opposition persiste entre le principe et son extériorisation (sa phénoménalisation, justement), comme s'il s'agissait là de deux niveaux radicalement distinctions et hétérogènes. Il s'agit bien plutôt, pour Fichte, – pour des raisons systématiques – d'établir le caractère homogène de ces éléments – et le concept qui lui semble le plus approprié à cette fin, et qui donne au phénomène une place tout à fait centrale, est celui d'*image*. La *Wissenschaftslehre* en tant que phénoménologie est, dans ses dernières figures, une *Bildlehre* (doctrine de l'image).

La doctrine de l'image préside au transcendantalisme fichtéen au plus tard à partir de la *Doctrine de la Science de 1804.* Parmi les différentes citations auxquelles nous pourrions ici renvoyer[1], nous nous référons à la suivante : le phénomène (*die Erscheinung*)

> est une image dans laquelle il est lui-même formé (*gebildet*) en tant que phénomène. C'est ce qu'il *est* ; et en elle, son être formel ainsi exprimé est achevé et clos. À présent, il s'est compris : en revanche, il n'a nullement compris le comprendre de lui-même. En outre : dis et pense alors : ici le phénomène se comprend, et c'est son être formel. Mais comprend-il *qu*'il se comprend ? Non. Mais tu as dit qu'il se comprenait complètement et absolument (*durchaus*) ; par conséquent, tu dois aussi poser qu'il comprend derechef son comprendre. Ainsi, tu obtiens une image (I^3) de l'image (I^2) à travers laquelle le phénomène (I^1) se comprend [...].[2]

Afin de rendre compte de la légitimation ultime du principe, cette doctrine met ainsi en œuvre trois types d'images ou de schèmes qui correspondent respectivement à trois actes de conscience. Or, avant de développer la teneur de chacun d'eux, il convient de faire une précision importante sur le principe de cette *Bildlehre*. Son but est de légitimer la connaissance transcendantale. Il s'agit de montrer comment il est possible de fonder la connaissance de la connaissance. Le *contenu* de cette dernière a été livré avec le schéma « c-l-e » – ce qui manque encore, c'est cette *légitimation* elle-même. Or, il est clair, le terme l'indique, que le schéma « c-l-e » n'est pas le principe *lui-même*, il n'en est justement qu'un schéma, une *image* (un « schème » (au sens du « *schéma* » en grec, que

---

1. Dans la *Doctrine de la Science de 1804/II*, Fichte expose *explicitement* sa doctrine de l'image dans la Conférence XXIII, en particulier p. 236, l. 19-p. 238, l. 26.

2. Fichte, *Tatsachen des Bewusstseins* (1813) (*Les faits de la conscience*), *Sämmtliche Werke IX*, I.H. Fichte (éd.), Berlin-Bonn, W. de Gruyter, p. 409.

l'on peut traduire par « figure »), un « concept », etc.). L'idée fondamentale de Fichte consiste alors à montrer que cette légitimation peut être fournie en *réfléchissant* (sur plusieurs niveaux) sur le rapport entre l'original (le principe recherché) et sa saisie dans l'image (dans le penser, etc.). Ainsi, la doctrine fichtéenne de l'image n'est autre qu'une *réflexion*, progressive et « intériorisante », sur la manière dont le principe se laisse saisir – réflexion qui livrera enfin la légitimation de ce qui fait qu'une connaissance est une connaissance.

Quelle est alors la teneur de chacun des trois types d'image mentionnés dans le passage, cité à l'instant, des *Faits de la conscience* de 1813 ? Nous procèderons ici à deux expositions différentes, afin de présenter de la façon la plus adéquate possible les divers aspects ici en jeu. Ces deux expositions mettent respectivement en avant : le rôle de l'auto-apparition et le statut de l'auto-réflexion de l'image.

Le premier type d'image (I^1) est l'apparition (ou phénomène) du principe (= l'être absolu), il en est la saisie dans la conscience, dans le penser ou dans le concept.

Or, l'être (du principe) et l'image ne sont pas deux types d'être juxtaposés qui seraient dans un rapport *partes extra partes* l'un à l'égard de l'autre (comme s'ils étaient deux entités mortes, l'une en face de l'autre), mais ils sont dans un rapport d'être spécifique qui ne prive nullement l'être absolu de son caractère clos et explique en même temps pourquoi il s'extériorise pourtant nécessairement sous forme d'image. Ce rapport d'être spécifique, vivant, est médiatisé par la *conscience d'image* – c'est-à-dire par le fait que l'image (le phénomène) *s'apparaît à elle-même* (*à lui-même*) (« ici le phénomène se comprend, et c'est son être formel »). L'image en tant que phénomène (I^1) n'est alors image (et ne saurait l'être) que dans la mesure où elle a conscience de son être-image (il ne peut y avoir d'apparition du phénomène que grâce à la conscience). Elle se scinde ainsi en image (I^1) de l'être (du principe) et en *image de cette image* (I^2).

Mais ce n'est pas tout. L'image ne devient compréhensible dans sa force imageante qu'à condition de redoubler l'image – en une image à travers laquelle le phénomène se comprend lui-même – c'est-à-dire en une *image de l'image de l'image* (I^3). Pourquoi a-t-on besoin de ce troisième type d'image ? Parce que ce n'est qu'en lui que l'image se comprend *en tant que* (« *als* ») comprenant (ou se pose *en tant que* posant). En effet, il ne suffit pas que l'image *se* comprenne en tant qu'image, mais il faut encore qu'elle se comprenne *en tant que* positionnelle du phénomène à travers son acte d'auto-compréhension.

Le troisième type d'image – qui ne se comprend plus comme image, mais comme *comprenant* – est en effet la simple loi de la compréhension de la compréhension : c'est le « *Soll* » en tant qu'il se comprend comme se réfléchissant. Mais cette réflexion n'est pas un simple reflet, c'est une réflexion intérieure, c'est le pouvoir même de réfléchir. En termes fichtéens : elle n'est pas réflexi*vité* mais réflexi*bilité !* Ici, tout lien à l'imagé est supprimé, et la fonction imaginante s'intériorise effectivement (c'est-à-dire qu'elle se fait imagination). Or, et c'est donc décisif, c'est l'original (= le principe en tant qu'il a d'abord été imagé dans la première image) qui *est* le principe de la compréhension – qui est la compréhension *de la compréhension* (rendue possible grâce à la réflexibilité). *C'est pourquoi le troisième type de l'image est effectivement identique au principe !*

Formulons la même chose encore autrement. D'abord, nous avons le *phénomène* ou l'*apparition* – du principe, de l'Absolu, de la Vie, de Dieu (I^1). Ce phénomène n'est possible que s'il *s'*apparaît à lui-même. D'où le deuxième moment : l'*auto-apparition* – du phénomène (de l'apparition) (I^2). Cette auto-apparition n'est à son tour possible – et ne peut s'apparaître – qu'*en s'apparaissant comme principe imageant*, c'est-à-dire *comme principe de son auto-apparition* (et ce, en vertu d'une auto-réflexion, en vertu d'un *se*-réfléchir (intérieur), *sans sujet*, de l'auto-apparition) : c'est là l'auto-apparition *en tant que* (« *als* ») auto-apparition, *en tant que principe imageant* – c'est-à-dire en tant que principe (I^3). Se pose alors la question suivante : En quoi le troisième type d'image (qui énonce une auto-réflexion – purement *intérieure* à l'auto-apparition – de cette auto-apparition elle-même) répond-il à l'exigence (qui s'exprime dans I^1) d'une apparition *du principe ?* Réponse : parce que le principe *est* (l')auto-réflexion et que la réflexion (à l'œuvre dans I^2) doit « sa » vie à la *Vie* du principe ! L'auto-réflexion (qui suppose ce que Fichte appelle la « réflexibilité ») n'est pas celle d'un sujet réfléchissant *extérieur* à cela même sur quoi porterait sa réflexion, mais, en tant que réflexion de l'auto-apparition, elle est un caractère du principe (apparaissant) lui-même – c'est cela le sens le plus profond du « *Soll* ». L'auto-apparition *en tant qu'auto-apparition* n'est autre, finalement, que le principe lui-même – sachant, toutefois, qu'il ne l'est qu'en tant qu'il s'est *réfléchi*.

Une compréhension approfondie de la teneur du schéma « c-l-e » et de la doctrine de l'image a des répercussions très importantes sur le statut du réel et de la réalité selon le transcendantalisme fichtéen. Au plus tard à partir du second exposé de la *Doctrine de la Science de 1804*, il apparaît clairement que Fichte reconfigure fondamentalement le rapport entre l'« être » et la manière dont le philosophe peut en rendre compte dans la représentation. Dire que l'être n'est « là » que dans l'image signifie, au fond, qu'il n'y a pas de réalité autre qu'imaginale ou imaginaire. Du coup, la réalité n'est proprement « rien » – sauf une image, justement, seul moyen de la matérialiser dans sa qualité essentielle.

Nous passons rapidement au second point : pourquoi la philosophie transcendantale se phénoménalise-t-elle à son tour, pourquoi la Doctrine de la Science est-elle elle-même une phénoménologie ? Au cœur de cette même *Doctrine de la Science de 1804/II*, Fichte met en évidence une détermination fondamentale du transcendantal dont, à notre connaissance, Kant ne traite nulle part : celle d'un « redoublement possibilisant ». L'idée est la suivante : lorsque l'on parvient à la condition transcendantale ultime, « ce qui rend possible… » se redouble en : « ce qui rend possible *cela même qui rend possible…* ». La marque de l'originarité du transcendantal est précisément son *auto-justification*. Or, dans la mesure où, comme nous venons de le voir, pour Fichte, la transcendantalisation signifie *eo ipso phénoménalisation*, il en va logiquement de même pour le transcendantal *redoublé*. Le discours philosophique qui expose le principe transcendantal ne témoigne pas seulement, intérieurement, de la phénoménalisation du transcendantal, mais à l'image de ce dernier, *il se phénoménalise à son tour*. Cela s'effectue concrètement, en 1804, dans l'« *Erscheinungslehre* » : la seconde partie de cette version de la doctrine de la science s'expose comme *phénoménologie*. Cela veut dire que la « *Seinslehre* » qui expose le principe transcendantal se déploie, extérieurement, en une « exposition de l'exposition » ou en un « discours du discours ». Ce redoublement est la marque même de la *réflexion* qui ne touche pas seulement son « objet », mais également ce qui le porte et le rend visible.

LA PHÉNOMÉNOLOGIE DE L'ESPRIT

Dans son premier grand livre (sans doute son ouvrage le plus puissant), qui apporte un autre éclaircissement décisif à propos du « phénomène », – la *Phénoménologie de l'esprit*

(1807)[1] – Hegel s'inscrit encore dans la même problématique que Fichte – à savoir celle de l'accession de la conscience à l'« Absolu »[2]. La solution qu'il propose s'en démarque toutefois fondamentalement. Ce que Hegel appelle le « savoir absolu » n'est pas la légitimation de la connaissance transcendantale au sens où le savoir s'exposerait dans la *réflexion* sur ses propres conditions de possibilité qui en établit certes la « réalité » (dimension exclusivement réflexive qui a valu à Fichte, déjà de la part de Schelling (nous le verrons), le reproche d'un « formalisme »), mais il est le déploiement de l'« expérience de la conscience » en tant qu'« apparition (*Erscheinung*) de l'*esprit* ». Définissons, dans un premier temps, ces termes.

Que signifie d'abord l'idée que l'Absolu – dont Hegel dit selon une formule très célèbre qu'il doit être conçu autant comme « substance » que comme « *sujet* » – est « esprit (*Geist*) » ? Le point de départ de Hegel est le même que celui de Fichte : il s'agit de comprendre et de déterminer le statut de l'aperception (= la conscience de soi) d'une activité originaire, au fondement de toute connaissance et de tout être, et ce, afin d'établir qu'il n'en va pas simplement ici d'une recherche de ce qui rend *possible* la connaissance (*nécessaire*), mais de ce qui permet de dévoiler la catégoricité *dans* l'hypothéticité (sur un plan *à la fois* ontologique *et* gnoséologique). Mais tandis que pour Fichte, comme nous l'avons vu dans l'exposition du schéma « c-l-e », l'être ne « se dépose » que suite à l'anéantissement du phénomène ou du concept, pour Hegel, les

---

1. Le texte de référence est ici l'*Introduction* de la *Phénoménologie de l'esprit*.

2. Nous laissons ici de côté la question – qui a fait et qui continue de faire couler beaucoup d'encre – de savoir quelle place occupe la *Phénoménologie* au sein du système hégélien en général.

différentes déterminations du savoir (que Fichte appelait des « niveaux de réflexion ») doivent être mises en évidence non seulement *EN leur être*, mais encore *en tant que concrétisations DE l'être*. Ces concrétisations, Hegel les appelle « moments (*Momente*) » ou « figures (*Gestalten*) » – c'est-à-dire « *apparitions (Erscheinungen)* » de l'esprit[1]. Que la Préface à la *Phénoménologie de l'esprit* critique de manière très virulente le « système de l'identité », présenté pour la première fois par Schelling en 1801, cache le fait que le noyau de cette conception a été exposé *avant Hegel* dans le « premier système de Schelling », intitulé *Système de l'idéalisme transcendantal* (1800). Dans la mesure où ce dernier joue un rôle central dans l'élaboration hégélienne d'une phénoménologie de l'esprit, il convient d'en rappeler l'idée fondamentale.

Alors que le transcendantalisme fichtéen réinterprète la recherche des conditions de *possibilité* de la connaissance *a priori* (= *nécessaire* et universelle) comme mise en évidence de l'hypothéticité catégorique, Schelling conçoit autrement ce rapport entre l'hypothétique et le catégorique dans la tentative du principe (= Moi absolu ou Je transcendantal) de se saisir lui-même (et donc de s'auto-légitimer). La différence fondamentale concerne donc le reproche, d'après lequel la Doctrine de la Science fichtéenne serait purement *formelle*. Schelling propose dans le *Système de l'idéalisme transcendantal* une solution permettant d'éviter cet écueil.

Déjà pour Schelling, le *CONTENU du savoir fait partie intégrante de la saisie de soi du Moi*. Le transcendantal intervient ici à *deux niveaux* : au niveau de la série des tentatives de la nature de s'auto-réfléchir, donc dans la *Naturphilosophie*, et

---

1. Notons en passant que le terme « phénomène (*Phänomen*) » n'apparaît pas dans la *Phénoménologie de l'esprit* et n'y est donc pas défini.

au niveau de la série des auto-objectivations du Moi, donc dans la *Transzendentalphilosophie* proprement dite. Chaque moment de la première série a son correspondant dans la seconde, et *vice versa*. Le « pivot » étant l'acte de la conscience de soi – point d'arrivée de la *Naturphilosophie* (la puissance suprême) et point de départ de la *Transzendentalphilosophie*. La puissance suprême de cette dernière est celle où le Moi est posé avec *toutes* les déterminations qui ont déjà été contenues dans l'acte (*Akt*) *libre* et *conscient* de la conscience de soi. Tout cela met en œuvre deux sortes de productions, deux sortes de réflexions – et aussi deux sortes de Moi. Dans la première série de réflexions, celle propre à la philosophie de la nature, le Moi produit *inconsciemment* les moments d'auto-objectivation – qui apparaissent au Moi comme des réalités *indépendantes* de lui. Tout le processus consiste ici à élever le Moi inconscient au Moi conscient – à « théoriser » la nature, à « subjectiver » l'objet. Dans la seconde série, qui est propre à la philosophie transcendantale, le Moi prend le sens inverse. Ici, *il produit les moments dans lesquels il s'auto-objective*. Cela implique deux « Moi » : un Moi « naturel » qui opère ces productions, et un Moi « transcendantal » qui comprend ce processus. C'est ici que se distribuent le catégorique et l'hypothétique (le contingent) : ce qui pour l'un (la conscience naturelle) apparaît comme contingent est pour l'autre (la conscience transcendantale) nécessaire. Le processus s'achève là où les deux « Moi » se confondent, où toute contingence s'épuise dans le nécessaire, où les productions inconscientes sont portées à la conscience transparente.

D'où la *méthode* spécifique de la « philosophie transcendantale » (au sens de Schelling) : celle-ci procède à chaque niveau (appelé par Schelling « puissance ») à l'auto-intuition du Moi et consiste ensuite à conduire le Moi – qui à travers cela va justement s'apparaître comme son propre objet

– d'*un* niveau (ou d'une puissance) de cette auto-intuition au niveau (ou à la puissance) à chaque fois *supérieur(e)*. Le niveau (ou la puissance) ultime est celui (celle) où le Moi sera finalement posé avec *toutes* les déterminations qui ont donc déjà été contenues dans l'acte *libre* et *conscient* de la conscience de soi (acte qui caractérise précisément le point de vue du philosophe).

Pour ce faire, Schelling adopte à chaque fois (c'est-à-dire à chaque fois qu'il s'agit de progresser dans le processus de la potentiation) *d'abord* le point de vue du philosophe, puis montre comment le Moi parvient *à son tour* à cette compréhension du philosophe. L'« histoire transcendantale du Moi » correspond ainsi à la traversée des « époques (*Epochen*) » de l'auto-objectivation du Moi, c'est-à-dire qu'elle retrace le parcours du Moi à travers lequel celui-ci parvient à la connaissance transcendantale grâce à la manière dont, progressivement, il devient donc son propre objet.

C'est dans sa correspondance avec Fichte que Schelling parvient de la façon la plus convaincante à rendre compte du rapport entre ces deux premiers moments de son idéalisme transcendantal. L'« objet » proprement dit de cet idéalisme est le « sujet-objet ». Celui-ci peut être considéré d'une *double* manière. Schelling appelle « sujet-objet *objectif* » le Moi qui produit la teneur réelle du savoir et « sujet-objet *subjectif* » la conscience de soi qui *intuitionne* (en vertu d'une *activité intuitionnante*) les productions de celui-là. Le sujet-objet subjectif est la *seule* attestation concrète de l'identité du sujet et de l'objet – c'est pourquoi le système de l'idéalisme transcendantal débute nécessairement avec lui (c'est-à-dire avec l'acte d'auto-position de la conscience de soi). Mais, en réalité, il n'est qu'une « puissance (*Potenz*) supérieure » du sujet-objet objectif, qui est le principe de toute production réelle et, de ce fait, de la « preuve matérielle » de l'idéalisme.

Cette corrélation sujet-objet subjectif/sujet-objet objectif
(dont il faut souligner le caractère circulaire (mais pas
vicieux)) est l'expression suprême du transcendantalisme
schellingien puisqu'elle exprime à la fois le principe de la
teneur réelle du savoir (*ratio essendi*) et celui de sa
compréhension transcendantale (*ratio cognoscendi*).

Cette acception de la philosophie transcendantale (dans sa
différence d'avec celle de Fichte) implique, nous le voyons,
une compréhension différente du statut et du rôle de la
« réalité » : alors que, pour Fichte, la réalité est un *dépôt* de
l'activité de la réflexion (correspondant dans sa compréhension la plus positive à la *réflexion de la réflexion*), pour
Schelling, cette réalité est à chercher *dans* la conscience, *dans*
les époques constituant l'histoire transcendantale du Moi.
Cette différence est cruciale, la perspective (schellingienne)
d'une réalité *au sein* de la réflexion étant irréductible à celle
(fichtéenne) d'une réflexion au-delà (ou en deçà) de toute
réalité.

Or, *pour Hegel*, s'il y a lieu, en effet, de distinguer entre
deux « séries du Moi », celles-ci doivent être conçues comme
relevant de la conscience en tant que *medium* permettant à
l'*esprit* de se scinder et de se retrouver – c'est-à-dire de prendre
conscience de lui-même (Hegel distingue à ce propos la
« conscience naturelle » et la « conscience philosophante »).
La phénoménologie de l'esprit en tant que « science de
l'expérience de la conscience » est la présentation du chemin
au cours duquel la conscience accède au « savoir absolu ».
Celui-ci consiste dans la réalisation effective et l'élévation au
concept de chaque moment de l'esprit. Ici l'Absolu se phénoménalise donc d'une tout autre façon que chez Fichte (et l'on
ne saurait souligner assez l'influence de l'auteur du *Système de
l'idéalisme transcendantal* sur cette conception) : pour Hegel,
le savoir ne saurait être fondé que si l'on parvient à montrer que

le contenu du savoir *s'intègre* dans chaque moment de son parcours conduisant à la prise de conscience de lui-même ; et l'aperception n'est pas celle d'un « sujet transcendantal » ou d'un « Moi absolu », mais précisément de l'*esprit* (qui « se présente » dans sa nécessité et n'est donc nullement, comme pour Schelling, le fruit d'une « *production* » des moments dans lesquels le *Moi* s'auto-objectiverait).

Mais ce concept d'« apparition (*Erscheinung*) » (que l'on pourrait bel et bien traduire en français par « phénomène ») ne se limite pas simplement à « réaliser » ou à « extérioriser » l'esprit. Il est aussi caractérisé par la détermination fondamentale de faire apparaître une *contradiction* inhérente à *toute* phénoménalisation. Hegel précise cette détermination, qui commande bien entendu tout le chemin dialectique de la *Phénoménologie de l'esprit*, de la façon la plus saisissante dans son explicitation de l'« au-delà » caractéristique de ce qu'il découvre – dans le chapitre « Force et entendement » qui contient dans le sous-titre l'« apparition » – comme « vérité de la perception ». En effet, il apparaît dans ce troisième « moment » de la « conscience » que le monde « suprasensible » – en tant que vérité (apparente) du monde sensible ouvert par la perception – a sa *constance* dans le fait que tout ce qui y « est » *disparaît* sans cesse. Le monde effectif a sa vérité dans un devenir-autre permanent. Et pour caractériser cet au-delà (qui, du coup, ne s'avère plus être un tel), Hegel utilise la formule « apparition *en tant qu'*apparition (*Erscheinung als Erscheinung*) ». Cela signifie que l'apparition n'est plus ici apparition *d'un autre*, elle ne renvoie précisément plus à un être au-delà, mais elle (n')est « rien que phénomène [1] ».

---

1. « *Nichts als Erscheinung* » – cette formule n'est pas de Hegel, mais de H.-G. Gadamer, sur l'excellente lecture (de ce passage) duquel nous nous

S'annonce ici une idée que Hegel reprendra avec force dans la *Science de la logique* et *L'encyclopédie des sciences philosophiques* : l'apparition s'avère ici être non pas l'apparence face à un réel effectif, mais *le phénomène en tant que l'effectivité elle-même* (et ici Hegel se rapproche à nouveau de Fichte !) Le phénomène est la totalité de la réalité effective. L'essence (*Wesen*) et le phénomène (*Erscheinung*) sont à ce point liés que Hegel affirme dans le moment central de la deuxième partie de la « Petite Logique » (éd. de 1817) que « l'essence doit nécessairement apparaître (*muss erscheinen*) » ou encore que « l'essence n'est pas *derrière* ou *au-delà* du phénomène (*Erscheinung*), mais, du fait que c'est l'*essence* qui existe, l'existence est phénomène (*Erscheinung*)[1] ». La *Phénoménologie de l'esprit* en est d'ailleurs l'expression suprême : comme on a pu le souligner, celle-ci est caractérisée par une *double série d'adéquation* – en elle, est supprimée non seulement l'opposition entre la certitude et la vérité (c'est-à-dire entre le « savoir » et l'« objet »), mais encore celle entre la manifestation et l'essence de l'esprit (ce qui justifie pleinement le fait que le savoir absolu soit la conscience de soi de l'esprit absolu).

Nous avons vu plus haut quelles étaient les raisons pour lesquelles la philosophie se phénoménalise dans la Doctrine de la Science comme phénoménologie. Il est tout à fait remarquable qu'un tel redoublement de la phénoménalisation caractérise également la science philosophique telle que *Hegel*

---

appuyons ici (*cf.* « Die verkehrte Welt », in *Materialien zu Hegels Phänomenologie des Geistes*, Frankfurt/Main, Suhrkamp, stw, 1973, p. 114).

1. G.W.F. Hegel, *Encyclopédie des sciences philosophiques I, La science de la logique* (1817), trad. fr. B. Bourgeois, Paris, Vrin, 1986, p. 225 (trad. modifiée). Voir aussi l'importante Addition au § 131 de la « Petite Logique » de 1827 et de 1830, *ibid.*, p. 563-565.

l'entend : « […] la science, en ceci qu'elle entre en scène (*auftritt*), est elle-même un phénomène (*Erscheinung*)[1]. » Dans son beau texte « Hegel et son concept de l'expérience », Heidegger commente cette phrase comme suit :

> La proposition de Hegel : « […] la science, en ceci qu'elle entre en scène, est elle-même un phénomène » est dite avec ambiguïté, et cela en une haute intention. La science n'est pas seulement un phénomène au sens où l'apparaître vide du savoir non-vrai est lui aussi un phénomène dans la mesure où il se montre en général. La science est plutôt déjà en elle-même phénomène en ce sens unique qu'elle est, en tant que connaissance absolue, le rayon par lequel l'absolu, la lumière de la vérité elle-même, nous éclaire. L'apparaître à partir de ce paraître du rayon signifie : déployer sa présence dans le plein éclat de la représentation se présentant. L'apparaître est proprement la présence elle-même : la parousie de l'absolu. Conformément à son absoluité, l'absolu est auprès de nous à partir de lui-même. C'est en sa volonté d'être auprès de nous que l'absolu est présent. Se portant de la sorte en soi à la présence, il est pour soi. C'est uniquement en vue de cette volonté de parousie que la présentation du savoir apparaissant est nécessaire. Elle est tenue de rester tournée vers cette volonté de l'absolu. La présentation est elle-même un vouloir, c'est-à-dire non pas un désir ou une aspiration, mais le faire lui-même, dans la mesure où il se ramasse en son essence. Au moment où nous reconnaissons cette nécessité, il nous faut méditer ce qu'est cette présentation, afin de savoir comment elle est, pour devenir ainsi capables d'être selon son mode [d'être], c'est-à-dire de l'accomplir[2].

---

1. G.W.F. Hegel, *Préface et Introduction de la* Phénoménologie de l'esprit, trad. fr. B. Bourgeois, Paris, Vrin, 1997, p. 187 (trad. modifiée).
2. M. Heidegger, « Hegel et son concept de l'expérience », dans *Chemins qui ne mènent nulle part*, Paris, Gallimard, 1962, p. 174 *sq.* (trad. modifiée).

Heidegger relie cette phénoménalisation de la science à l'idée évoquée à l'instant : le phénomène est phénomène de l'essence, de l'absoluité de l'absolu (sa « parousie »). Le phénomène n'est donc pas une simple condition de la connaissance, et relève encore moins d'une logique de l'apparence (Lambert), mais il est pour ainsi dire le médium même du savoir absolu en tant que manifestation de l'absolu. Aussi le phénomène accède-t-il ici à son sens le plus accompli que la reprise ultérieure de la phénoménologie dans le chapitre de l'« Esprit subjectif » (dans la troisième partie de l'*Encyclopédie*) ne reprendra plus parce qu'elle abandonnera la perspective conscientielle qui dominait la *Phénoménologie de l'esprit* en tant qu'elle s'inscrivait encore dans le contexte kantien et immédiatement postkantien.

CHAPITRE III

LA PHÉNOMÉNOLOGIE
« PHÉNOMÉNOLOGIQUE »

LE PHÉNOMÈNE COMME « LA CHOSE MÊME »

Tout un siècle sépare les premières élaborations d'une « phénoméno-logie » dans la philosophie classique allemande et la fondation, par Edmund Husserl, d'une « phénoméno-logie » dans les *Recherches logiques* (1900-1901). Un siècle marqué, en particulier dans sa seconde moitié, d'une part, par des *dérives apologétiques* de l'idéalisme allemand se contentant de simplement répéter des doctrines apparaissant comme dépourvues de leur substance vivante et, d'autre part, par le développement du *positivisme* (et en particulier du positivisme scientiste) se détournant de toute forme de philosophie spéculative. Cette évolution de la philosophie n'aurait assurément pas subi de fléchissement particulier si les sciences n'avaient pas elles-mêmes connu une « crise des fondements ». C'est face à un tel scénario (philosophique mais aussi académique) que Husserl, mathématicien de formation, prône au tout début du XXe siècle un « retour aux choses mêmes » que sont les *phénomènes*. Qu'est-ce qu'il entend par là ?

Pour Husserl, revenir aux « phénomènes » ne signifie pas restaurer le sens prékantien du phénomène impliquant une déconstruction du rôle fondamental de la conscience et de l'entendement dans la structuration du phénomène. Ce retour aux phénomènes ne signifie pas non plus une revalorisation de la manifestation d'un « Absolu » impliquant une réhabilitation de la démarche spéculative en phénoménologie. Pour le père fondateur de la « phénoménologie » au sens contemporain du terme, il s'agit bien plutôt de conférer aux phénomènes une *concrétude* ce qui implique, en premier lieu, de revenir à nouveaux frais au statut d'une dimension « subjective » dans la structure du phénomène. Même si toute la clarté à propos du rôle et de la fonction du « sujet » dans ce contexte n'est atteinte qu'après le « tournant transcendantal » de Husserl (datant du milieu des années 1900), la nature du « phénomène » dans la phénoménologie husserlienne ne peut être élucidée si l'on ne tient pas compte, dès le départ, de l'intégration la plus radicale du sujet – jamais accomplie jusqu'ici – dans la structure du phénomène.

Mais que faut-il ici entendre par « sujet » ? L'idée fondamentale de Husserl est que le sens de ce qui est ne peut être clarifié et être ramené à ses origines constitutives que si l'on se rend à l'évidence qu'il est donné dans la *structure corrélative* conscience-objet. Toute conscience est conscience de quelque chose et, ce qui importe au moins autant, tout objet est le corrélat d'un « mode de donation » à la conscience. Toute la question est précisément de savoir quel statut il faut conférer à la conscience dans cette corrélation.

L'évolution de la pensée de Husserl suit à cet égard plusieurs étapes. Dans notre contexte, ce qui importe le plus c'est la *double acception du phénomène* acquise au fur et à mesure que Husserl avance dans l'élaboration de la phénoménologie.

D'une manière générale, le « phénomène » dans la phénoménologie husserlienne est ce qui, sans que l'on préjuge de son statut ontologique, « apparaît » en vertu de la *réduction phénoménologique*, laquelle est « appliquée » à un apparaissant mondain qui lui sert de « modèle » (*Vorbild*). Celle-ci est l'outil méthodologique fondamental de la phénoménologie husserlienne : sa fonction consiste à suspendre tout jugement relatif au sens d'être de l'apparaissant (donc en particulier à ne pas trancher la question de savoir si au-delà de l'apparaissant il y a une « chose en soi »), à reconduire ce dernier à sa donation à la subjectivité et à élucider la fonction constitutive de cette dernière dans tout ce processus. Pour dire la même chose d'une autre façon : la réduction phénoménologique ouvre proprement à la phénoménalité.

Le phénomène n'est donc pas, on le voit, quelque chose de *donné* immédiatement, mais « n'apparaît » qu'à travers une *médiation*. Cette médiation exige qu'on n'en reste pas au niveau de ces « apparitions » immédiates, mais que l'on descende vers les *couches ultimement constitutives de ces dernières*. Le phénomène, pour Husserl, est ainsi l'ensemble des structures intentionnelles et pré-intentionnelles (Husserl dit : « pré-phénoménales ») caractérisant les effectuations propres de la subjectivité transcendantale. Heidegger aura ainsi raison de souligner le caractère « non immédiatement présent » des phénomènes. Autrement dit, les phénomènes désignent toute opération ou fonction intentionnelle (et pré-intentionnelle) de la subjectivité, constitutive d'une donation de sens. Notons d'ailleurs que cette définition du phénomène ne se dégage pas d'une manière immédiate de la lecture des textes de Husserl – on trouve en effet de nombreux passages où Husserl identifie purement et simplement phénomène et apparition.

Plus spécifiquement, on peut en effet déceler deux acceptions fondamentales du phénomène. On en trouve une formulation éclairante dans les *Conférences de Londres* datant de 1922 et parues dans le volume XXXV des *Husserliana*.

Le phénomène, c'est d'abord le « vivre pur comme fait (*das pure Erleben als Tatsache*)[1] », c'est-à-dire le *factum* d'une donation, d'une manifestation à la conscience, qui est tout à fait indépendant de toute considération eu égard au statut ontologique de *ce qui* se donne ou se manifeste. Seul ce *factum* est phénomène. Pour y accéder, il faut inhiber tout ce qui renvoie à une position d'être transcendant. Husserl appellera à partir des *Ideen I* (1913) (au plus tard) « subjectivité transcendantale » l'« empire de [ces] faits égologiques[2] » ou « purement phénoménologiques » (ce qui, comme Husserl le précise ailleurs[3], veut dire la même chose).

La deuxième acception du phénomène concerne les « opérations fonctionnelles » de cette subjectivité transcendantale en tant que celles-ci rendent compte des « phénomènes constitutifs » de tout sens (le rôle constitutif du sujet s'affirme ici de façon plus massive, nous y reviendrons). C'est cette acception qui englobe l'idée d'un phénomène *en tant que* phénomène : ici il n'y va pas d'un simple apparaiss*ant*, qui est un *étant* renvoyant à un *autre* étant (qui, lui, n'apparaît pas), mais d'une sorte d'étant très spécifique dénué – du moins pour Husserl – de tout soubassement ontologique. En effet, quand on parle du phénomène *en tant que* phénomène, on vise par là une dimension *dynamique* qui ne se réduit pas simplement à

---

1. *Husserliana XXXV*, p. 77 ; *Conférences de Londres*, trad. fr. par A. Mazzù, *Annales de Phénoménologie*, n° 2/2003, p. 177.

2. *Husserliana XXXV*, p. 81 ; *Conférences de Londres*, trad. fr. p. 180 (traduction modifiée).

3. *Husserliana XXXV*, p. 328 ; *Conférences de Londres*, trad. fr. p. 189.

une dimension temporelle. Cette dimension dynamique nous permet par ailleurs de comprendre le véritable statut philosophique de la réduction : celle-ci n'est pas un outil à appliquer dans le cadre d'une « pratique » phénoménologique, mais elle traduit précisément le sens d'être du phénomène en tant que celui-ci se situe en deçà de toute « positivité d'être ».

Et pour pouvoir rendre compte du phénomène *en tant que* phénomène, en tant que dimension dynamique de l'apparaître qui ne s'appuie pas et ne peut s'appuyer sur un fondement ontologique *stable*, Husserl se voit contraint d'élaborer une phénoménologie qui prend vraiment au sérieux un tel sens d'être « précaire » (ce qui ne signifie nullement « indéterminé »), *privé* de toute forme de stabilité. Ce sera à Fink de lui donner un nom : il l'appelle, dans la *Sixième Méditation*, une « phénoménologie constructive ». Prenons maintenant un exemple précis afin d'illustrer le sens concret de ces deux acceptions du phénomène.

Un champ d'investigation qui se prête tout particulièrement à l'éclaircissement de ce point fondamental est la phénoménologie husserlienne du *temps*. Dès le début des *Leçons pour une phénoménologie de la conscience intime du temps* (1928), Husserl précise ce que signifie une approche *phénoménologique* du temps, une approche du « temps » comme « phénomène ». Une telle approche ne vise pas à définir la nature du temps, elle ne s'inscrit pas dans une compréhension déjà préétablie à propos de l'essence du temps, mais elle part du « temps apparaissant », c'est-à-dire du constat de la donation d'« objets » qui « s'écoulent » dans le temps. Dans un premier temps, il faut donc clarifier le sens et les implications d'un tel « écoulement ».

Pour ce faire, Husserl s'appuie sur un exemple concret – celui d'une « mélodie ». Quel est ici le « phénomène temporel » ? Celui-ci n'est pas la « durée objective » du temps, c'est-à-dire l'intervalle qui peut être chronométré, parce que cette durée appartient au « temps objectif » que l'*épochè* et la réduction phénoménologiques ont précisément mis « entre parenthèses » afin de ne pas faire intervenir ici une quelconque idée préconçue à propos de l'être du temps. Le phénomène temporel, ce que Husserl appelle plus précisément un «*Zeitobjekt* (objet-temps) », est la *structure corrélative* d'un « objet » temporel *apparaissant*, d'une part, et des modes intentionnels (donc des modes de conscience) qui constituent cette temporalité apparaissante, d'autre part. Comment faut-il comprendre plus précisément ces rapports ?

Husserl montre que l'analyse de la constitution de la conscience du temps peut toujours s'effectuer d'une double façon. Elle peut être orientée vers l'apparaissant lui-même (vers son versant « objectif » ou « noématique »), c'est-à-dire vers le fait que la mélodie commence par un premier son, auquel succède un deuxième qui repousse le premier dans le passé, etc.; et elle peut aussi être orientée vers l'apparaissant « dans le mode de son comment » (vers son versant « subjectif » ou « noétique »), c'est-à-dire vers son mode de donation à la conscience. L'essentiel ici est que la description phénoménologique est en mesure de mettre en évidence une *intentionnalité spécifique* dont la seule fonction est justement d'opérer la constitution de la conscience du temps et qui se distingue donc de celle constitutive de l'espace, d'autrui, de l'idéalité, etc. Husserl appelle cette intentionnalité spécifique l'« intentionnalité rétentionnelle » et « protentionnelle » et lui consacre des analyses détaillées. Nous sommes ici précisément dans cet « empire des faits égologiques » ou « phénoménologiques » qui a été identifié plus haut comme relevant de la première acception du phénomène.

Mais cette sphère (englobant la totalité des composantes « immanentes » de la conscience phénoménologique) n'épuise

pas le sens du « phénomène » en phénoménologie. La preuve
en est donnée dans ce même texte des *Leçons pour une phénoménologie de la conscience intime du temps*, lorsque Husserl,
après avoir décortiqué la constitution de la conscience du
temps dans cette sphère immanente de la conscience selon le
versant noématique et noétique, fait la remarque suivante :
« Concernant des phénomènes (*Phänomene*) qui constituent
des objets-temps immanents, nous éviterons la dénomination
d'"apparitions (*Erscheinungen*)" ; car ces phénomènes sont
eux-mêmes des objets immanents, et ils sont des "apparitions" dans un tout autre sens »[1]. Or, cette affirmation peut être
comprise en un double sens. L'analyse de ces « phénomènes »
(que Husserl appelle ici des « phénomènes d'écoulement
(*Ablaufsphänomene*) ») peut simplement être comprise
comme une reprise de l'intentionnalité spécifique qui est
constitutive de la temporalité immanente. Et les deux types
d'apparition seraient alors celui des objets-temps immanents,
d'un côté, et des noèses corrélatives (immanentes elles aussi),
de l'autre. Mais l'analyse des phénomènes ultimement constitutifs peut aussi être comprise d'une autre manière. On peut
lire cette introduction d'un *nouveau* terme (« phénomène
d'écoulement ») comme la tentative de spécifier ce qui constitue *tous* les « objets-temps immanents », sachant que ces
derniers incluent *toutes les composantes de la sphère immanente de la conscience* – c'est-à-dire *et* les objets temporels
apparaissants *et* leurs noèses (rétentionnelles et protention-
nelles) respectives. Cette solution s'ancre dans les considérations suivantes. Nous sommes partis du constat qu'en
suspendant la temporalité « objective », on est en présence,
de façon indubitable, d'« objets » ayant une « temporalité
apparaissante ». Ceux-ci se constituent dans des actes de la

_____

1. *Husserliana* X, p. 27.

conscience qui ont à leur tour une dimension temporelle. Or, la question se pose de savoir ce qui constitue le caractère temporel de ces actes noétiques. Qu'il soit ici nécessaire de recourir à un *autre* type de « phénomènes » (ou d'« apparitions »), c'est-à-dire à des « phénomènes » qui ne peuvent pas être situés à leur tour dans la sphère immanente de la conscience se justifie assez aisément. En effet, ces « phénomènes » ne peuvent, à leur tour, être ni « objectifs » (« noématiques »), ni « subjectifs » (noétiques »). Ils ne peuvent être « objectifs » parce que la temporalité objective a été mise hors circuit en vertu de l'*épochè* et de la réduction phénoménologiques et ce, dans le but, précisément, de rendre compte de leur constitution. Or, ce en vue de quoi la constitution est recherché ne peut pas être au fondement de cette constitution parce que sinon cela donnerait lieu à une pétition de principe. Mais ils ne peuvent pas non plus être « subjectifs », car on a d'abord établi la constitution des objets-temps apparaissants (= volet « objectif » de la corrélation) grâce à la mise en évidence de l'intentionnalité spécifique qui les constitue (= volet subjectif de la corrélation) – et si l'on cherchait, à présent, à rendre compte de la temporalité de cette dernière en recourant de nouveau à une intentionnalité (« plus profonde »), cela risquerait d'engendrer une régression à l'infini. Comment éviter alors ces deux écueils ?

La solution ne peut consister que dans le fait de se placer à un *autre* niveau que la sphère immanente de la conscience. Mais cela a des conséquences extrêmement importantes pour la méthode phénoménologique, en général, et pour la compréhension du statut du phénomène, en particulier. Le mot d'ordre de la phénoménologie husserlienne est l'« attestabilité (*Ausweisbarkeit*) ». Le phénoménologue ne peut mettre en avant, dans ses analyses, que ce qui « s'atteste » phénoménologiquement, c'est-à-dire ce qui peut être décrit (et réitéré) par quiconque se trouve dans la même situation et face au même problème. Aussi la phénoménologie est-elle fondamentalement et essentiellement *descriptive* – et qui dit « description » dit : description de ce qui se laisse exhiber *dans la sphère immanente de la conscience*. Or, la question de la constitution de la conscience du temps conduit visiblement le phénoménologue *aux confins* de cette sphère immanente descriptible. En ce qui concerne la constitution du temps, Husserl en a eu parfaitement conscience. Il désigne (dans le § 39 des *Leçons sur la phénoménologie de la conscience intime du temps*) la temporalité (et ses phénomènes constitutifs), s'ouvrant par là, comme une « temporalité *pré-phénoménale*, pré-immanente ». Or, qu'est-ce à dire d'autre sinon qu'au niveau ultimement constitutif de la conscience du temps nous ayons affaire à des « phénomènes » *en deçà de ce qui « apparaît »* à proprement parler ?

Il n'est pas nécessaire ici de suivre davantage Husserl dans ses élaborations précises d'une « temporalité pré-immanente » (dont on trouve les résultats les plus saisissants dans ses manuscrits de travail, notamment dans les *Manuscrits de Bernau* qui n'ont été publiés qu'en 2001, ce qui explique pourquoi, au XXᵉ siècle, les commentateurs n'en ont pratiquement pas tenu compte)[1]. Nous nous focaliserons plutôt, d'une manière plus générale, sur les conséquences qui en découlent précisément eu égard au statut du phénomène.

Dans l'exemple cité à l'instant, nous avons vu que l'analyse phénoménologique rencontrait des *limites* de ce qui est phénoménologiquement descriptible. Or, le constat de ces limites ne condamne nullement le phénoménologue à l'échec.

---

1. Pour plus de détails sur ce point, *cf.* le chapitre IV de notre ouvrage *Husserl et les fondements de la phénoménologie constructive*, Grenoble, J. Millon, 2007.

Et d'ailleurs Husserl lui-même n'a point abandonné ses recherches relatives à ces questions ; il a plutôt essayé de rendre compte de la tension entre, d'une part, ce que « commandent » les *analyses phénoménologiques* (à savoir un certain « dépassement » de la sphère immanente de la conscience) et, d'autre part, le fait de s'en tenir toujours (et à jamais) à la teneur phénoménale (c'est-à-dire à ce que « commandent » les *phénomènes* eux-mêmes). La « solution » proposée par Husserl entraîne une réorientation fondamentale de la méthode phénoménologique (sur laquelle on ne saurait insister assez). Que la phénoménologie descriptive se heurte ici à ses propres limites ne signifie rien de moins que le fait que le « principe de tous les principes » de la phénoménologie – à savoir la nécessité d'exhiber systématiquement le caractère « intuitif » et « évident » de toute analyse phénoménologique – se trouve ici remis en question ! Avec les seuls moyens de l'intuition, le phénoménologue se trouve bloqué, chaque fois que l'élucidation exige d'aller plus loin que ce que la description permet. Aussi, comme Fink (le dernier disciple de Husserl (et de loin le plus important)) l'a finement remarqué dans ses propres élaborations de la méthode phénoménologique, le phénoménologue est-il ici amené à procéder à des « *constructions phénoménologiques* ». Quelle en est la nature et qu'est-ce qui en découle pour la compréhension du phénomène ?

Construire phénoménologiquement ne veut *pas* dire construire à partir d'un principe en procédant de façon hypothético-déductive au moyen de lois logiques de l'inférence. La construction phénoménologique n'est pas une construction spéculative. La construction phénoménologique constitue la *genèse* de ce qui se présente à la phénoménologie descriptive comme un « *factum* » – dans l'exemple cité ci-dessus : le *factum* d'une temporalité (à dévoiler) qui n'est ni une temporalité « subjective », ni une temporalité « objective ». Et c'est en construisant que cette construction découvre les lois qui lui président. Ce qui s'ensuit pour le phénomène, c'est qu'en deçà de la phénoménalité apparente, « immanente », il y a de l'« inapparent » qui n'en est pas moins « constitutif » de l'apparent. Comment cela doit-il être compris étant donné que l'on pourrait avoir l'impression qu'après tout, on quitte ici le terrain de la phénoménologie « classique » ?

S'il est vrai que l'expression d'une « phénoménologie constructive » n'intervient que rarement (et tardivement) dans les textes de Husserl (vraisemblablement sous l'influence de Fink) et qu'elle est absente de ses ouvrages introductifs et programmatiques, il n'en est pas moins vrai que, *dans les faits*, les éléments d'une démarche constructive peuvent être mis évidence (du moins implicitement) dans un certain nombre de manuscrits de travail de Husserl. On pourrait évoquer à cet égard les analyses de l'expérience d'autrui ou de l'inten-tionnalité des instincts et pulsions[1]. La caractéristique des « phénomènes » (« pré-phénoménaux », « pré-immanents », « inapparents ») se situant au niveau ultimement constitutif de toute apparition est qu'ils fournissent la *légitimation ultime* d'un problème constitutif précis (à chaque fois différent, car dépendant du « type » d'objet analysé). Est-ce à dire que, chez Husserl, serait alors accompli une *phénoménalisation du transcendantal* à laquelle Kant s'était refusé catégoriquement (au prix, certes, de donner droit de cité à une « phénoméno-logie de l'inapparent » au cœur d'une phénoménologie de l'apparent) ?

Husserl affirme – d'une façon tout à fait explicite à partir des années 1920 – que la phénoménologie est un *idéalisme transcendantal*. Mais le « transcendantal » dont il est en

---

1. Sur ces points, nous nous permettons encore une fois de renvoyer à notre ouvrage *Husserl et les fondements de la phénoménologie constructive*, *op. cit.*

permanence question chez lui n'en est pas un au même sens que chez Kant. Alors que le transcendantal n'intervient chez l'auteur de la *Critique de la raison pure* qu'à titre *hypothétique*, en vue d'établir ce qui rend l'expérience (et partant la connaissance) *possible*, Husserl admet que les « fonctions » ou « opérations » transcendantales de la subjectivité transcendantale admettent bel et bien une « expérience transcendantale ». S'il y a un lien à établir entre Husserl et la philosophie classique allemande, c'est plutôt à *Fichte* qu'il faudrait faire référence (bien entendu sans que Husserl ait lui-même établi un tel lien). En effet, la « construction phénoménologique » est très proche de ce que Fichte a appelé une « construction génétique ». Il y a néanmoins une différence de taille (qui est irréductible) : alors que Fichte élabore de telles constructions génétiques, dans la Doctrine de la Science, *dans le seul but de légitimer la connaissance transcendantale* (le « savoir absolu »), les constructions phénoménologiques ne visent pas une légitimation de la connaissance *en tant que connaissance* (un tel projet relèverait pour Husserl de la métaphysique), mais, comme nous l'avons vu, celle de phénomènes particuliers et concrets (le temps, autrui, etc.). Qu'une telle perspective ouvre sur une « phénoménologie de l'inapparent », c'est ce que Heidegger a maintenu jusqu'à la fin de sa vie – avec des arguments, relatifs au « phénomène » et à la « phénoménalité », qui se situent certes ailleurs que sur le plan de l'élaboration d'une « phénoménologie constructive ».

LE STATUT ONTOLOGIQUE DU PHÉNOMÈNE

Husserl a déployé toute la complexité du « système ouvert » (ce terme est de Fink) que constitue la phénoménologie, et il a posé au centre de ses recherches le « phénomène » et les problèmes relatifs à la « phénoménalité » ainsi qu'à la

« phénoménalisation ». Mais il apparaît que dans cette œuvre tout à fait considérable, le « phénomène » est davantage le nom pour tout un ensemble de *problèmes* que la réponse à ces derniers. Quatre questions se posent en effet de façon urgente (auxquelles Heidegger essayera de répondre) à l'issue de ce qui vient d'être développé : Quelle est proprement l'essence et la structure du phénomène ? (Pour Heidegger, la phénoméno-logie est en mesure de produire des déterminations allant au-delà de la mise en évidence d'un double niveau de la phéno-ménalité (comme c'est le cas, nous l'avons vu, chez Husserl).) De quelle façon intervient plus concrètement le « sujet » dans la structure du phénomène ? Comment faut-il comprendre cette « inapparence » au cœur de la phénoménologie ? Et, d'une manière plus générale, quel est le *statut ontologique* du phéno-mène ? Si, dans ce qui suit, nous essayons de répondre aux deux premières questions, la réponse aux deux dernières se trouvera dans le commentaire du texte 2.

Dans le célèbre § 7 de *Sein und Zeit*, Heidegger se livre à une analyse proprement phénoménologique du phénomène (que Husserl n'a jamais accomplie de façon thématique). Il s'emploie plus particulièrement à élucider le sens du « concept de phénomène », en général, et celui du « concept *phénoménologique* de phénomène », en particulier[1]. Pour ce faire, il introduit une double distinction. Tout d'abord, il distingue entre le « phénomène », et l'« apparition ». Dans le *phénomène* a lieu un « *se*-montrer », tandis que l'*apparition* est un « *ne-pas*-se-montrer », c'est-à-dire qu'elle renvoie à chaque fois à quelque chose d'*autre* qui ne se montre pas, mais qui « se manifeste (*sich meldet*) » ou « s'annonce » *dans* ou *à travers*

---

1. L'analyse suivante est la version modifiée de celle qui, portant sur la même question, se trouve dans *La déhiscence du sens* (Paris, Hermann, à paraître en 2015).

quelque chose qui, à son tour, se montre (par exemple la fièvre
à travers des joues rouges). Heidegger appelle ce qui se montre
de cette façon très spécifique le « *manifestant (Meldendes)* ».
L'apparition (= ce qui se manifeste) « indique » ici cela même
qui ne se montre pas. Le phénomène est alors caractérisé par
une « auto-donation » (ou « auto-phénoménalisation »), qui se
donne soi-même, et l'apparition par une « hétéro-donation »
(ou « hétéro-phénoménalisation »), qui donne un autre que soi-
même.

Ensuite, Heidegger divise derechef le « phénomène » et
l'« apparition ». Un *phénomène* peut se montrer à (même) lui-
même et de lui-même tel qu'il *est* ; mais il peut aussi se montrer
tel qu'il n'est *pas*. Dans le premier cas, Heidegger parle
du « *sens véritable (echt) de phénomène* » ; dans le second cas,
il ne s'agit que de l'« *apparence* » ou du « *paraître* ». L'*apparition* désigne, quant à elle, ou bien tout le processus de
l'«*apparaître* » (de l'« indication »), c'est-à-dire un rapport de
renvoi entre ce qui se manifeste (qui se montre) et ce qui est
manifesté ou indiqué (qui, nous l'avons dit, ne se montre pas)
ou bien *cela même qui manifeste* (ou qui indique) ce qui est
caché[1].

Enfin, Heidegger en vient à la distinction décisive entre
trois concepts de phénomène – entre le concept « formel », le
concept « vulgaire » et le concept « phénoménologique » de

---

1. Heidegger signale par ailleurs que l'« apparition » peut encore être
entendue au sens de « ce qui se montre » (donc dans le premier sens du « phénomène »). Or, on peut d'ores et déjà remarquer que pour la compréhension du
« concept phénoménologique de phénomène » (cf. *infra*), le « paraître » (ou
l'« apparence ») est secondaire. En revanche, il faut retenir ici le « sens véritable
de phénomène », c'est-à-dire ce qui se montre (à (même) soi-même et de soi-
même), et le « manifestant » qui constitue la part « visible » du processus d'un
« ne-pas-se-montrer » (à savoir, précisément, de l'« apparaître »). Dans le
concept phénoménologique de phénomène interviennent ainsi *et* un se-montrer
(à même ce qui se montre) *et* un ne-pas-se-montrer.

phénomène. Pour comprendre de quoi il s'agit, il faut insister sur le lien qui existe ici avec la philosophie théorique de Kant.

Heidegger introduit d'abord une nouvelle expression – celle de « simple apparition » qui constitue l'unité de quelque chose qui se montre et d'un manifestant (en termes *kantiens* : d'un « *objet* (de l'intuition empirique) *qui se montre* » et d'une « *apparition* » qui, en tant que « manifestant », renvoie à quelque chose qui ne se montre *jamais* (à la « chose en soi »)). Que signifient alors le concept « formel », le concept « vulgaire » et le concept « phénoménologique » de phénomène ? Le sens de ces expressions n'a pas été établi de façon absolument claire et univoque par Heidegger. En effet, différentes questions se posent à cet égard : pourquoi la distinction entre ces trois concepts de phénomène n'est-elle introduite qu'une fois que la nature de la « simple apparition » a été précisée ? Pourquoi Heidegger utilise-t-il ici *deux* expressions pour ce qui se montre à (même) soi-même (à savoir le sens « véritable » du phénomène et le concept « formel » de phénomène) où une seule aurait suffi ? Et pourquoi Heidegger peut-il parler au niveau du « concept vulgaire de phénomène » (qui se rapporte immédiatement à la structure complexe de ce qu'il appelle « simple apparition ») d'une « application légitime » du « concept formel de phénomène » – étant donné que la structure de ce concept de phénomène (en tant que ce qui se montre) est complètement différente de celle du concept vulgaire de phénomène (où intervient un manifestant), ce qui rend l'idée d'une « application » incompréhensible ?

Une réponse convaincante à ces questions ne peut être donnée que si l'on prend toute la mesure du fait que le couplage de deux expressions, caractéristique de la « simple apparition », constitue la toile de fond pour ces trois concepts de phénomène. Pour pouvoir saisir la structure du « concept formel de phénomène », il faut partir – à rebours, et en ayant en

vue la « simple apparition » kantienne – du « concept vulgaire
de phénomène ». Celui-ci s'illustre moyennant le rapport entre
le « phénomène » (au sens kantien) et la « chose en soi » – donc
moyennant l'enchevêtrement d'un phénomène (au sens de ce
qui se montre) et d'une apparition (au sens d'un manifestant
qui indique quelque chose qui ne se montre pas). Heidegger
parle ici de l'« *accessibilité* » « à travers l'intuition empirique [1] » – mais accessibilité *de quoi* ? Justement de ce à quoi elle
renvoie. Pour le concept *formel* de phénomène, on peut donc
retenir qu'il s'agit ici à chaque fois d'un apparaissant qui se
montre et qui indique ou annonce quelque chose qui ne se
montre pas. (On voit ainsi que le concept formel de phénomène
est beaucoup plus proche de la première signification de
l'« apparition » que du sens « véritable » et « originaire » du
« phénomène ».)

Ensuite, la différence entre concept « vulgaire » et concept
« phénoménologique » de phénomène consiste dans la manière
dont le concept formel de phénomène est « appliqué » ou
« déformalisé ». Autrement dit, elle dépend du type d'« étant »
ou d'« être » auquel il renvoie. Dans le cas du concept « vulgaire » de phénomène, l'apparaissant (le manifestant), c'est-à-
dire (en l'occurrence) l'« intuition empirique », renvoie à la
« chose en soi ». Celle-ci se dérobe *à jamais* et *par principe*, ce
qui justifie que l'apparition n'est que *simple* apparition » qui
ne constitue justement *pas* l'« être propre (*eigentliches Sein*) »
de ce qui est indiqué [2]. Relativement au concept « phénoménologique » de phénomène, Heidegger écrit ceci : « ce qui se
montre déjà, préalablement et conjointement, quoique non
thématiquement, dans les apparitions – dans le phénomène

---

1. M. Heidegger, *Sein und Zeit*, Tübingen, Niemeyer, 1986 (16ᵉ édition),
p. 31 (traduit par nos soins).

2. *Sein und Zeit*, p. 30.

entendu vulgairement – peut être thématiquement porté au se-montrer, et ce-qui-ainsi-se-montre-à(-même)-soi-même ("formes [*a priori*] de l'intuition") sont les phénomènes de la phénoménologie. Car manifestement l'espace et le temps doivent nécessairement pouvoir se montrer ainsi, ils doivent pouvoir devenir phénomènes, si Kant prétend énoncer une proposition transcendantale adéquate lorsqu'il dit que l'espace est le "où" apriorique d'un ordre [1] ». Ici l'apparition renvoie à quelque chose de caché *qui peut être porté au se-montrer*, c'est-à-dire qui peut être mis en évidence eu égard à son être qui doit, bien entendu, être déterminé. Ainsi, la distinction entre concept « vulgaire » et concept « phénoménologique » de phénomène ne concerne pas en particulier l'opposition entre l'intuition empirique et l'intuition pure, mais, nous insistons, toute la complexion incluant l'apparaissant et ce à quoi il renvoie (et la façon dont ce dernier peut être porté au se-montrer ou non).

La « déformalisation » qu'opère Heidegger du concept « formel » de phénomène conduit ensuite – non plus dans l'horizon kantien, mais dans celui de l'ontologie phénoméno-logique – à l'affirmation décisive suivante : « Qu'est-ce qui doit, en un sens insigne, être appelé phénomène ? Qu'est-ce qui, de par son essence est *nécessairement* le thème d'une mise en lumière *expresse* ? Manifestement ce qui, de prime abord et le plus souvent, *ne* se montre justement *pas*, ce qui, par rapport à ce qui se montre de prime abord et le plus souvent, est *occulté*, mais qui en même temps appartient essentiellement, en en faisant le sens et le fondement, à ce qui se montre de prime abord et le plus souvent [2] ». La détermination positive et concrète du « phénomène phénoménologique » est alors la

1. *Sein und Zeit*, p. 31.
2. *Sein und Zeit*, p. 35.

suivante : « […] ce qui en un sens privilégié demeure *occulté*, ou bien retombe dans l'*occultation*, ou bien ne se montre que de manière *"dissimulée"*, ce n'est point tel ou tel étant, mais, ainsi que l'ont montré nos considérations antérieures, l'*être* de l'étant [1] ».

Cela signifie qu'il existe une analogie sans faille entre ce qui, chez *Kant*, constitue les conditions *transcendantales* de l'expérience et de la connaissance (« formes de l'intuition », etc.) et ce qui, *dans l'ontologie phénoménologique*, s'appelle l'être. L'être en tant que « phénomène phénoménologique » par excellence remplit exactement la fonction qui incombe chez Kant aux conditions et déterminations transcendantales. En d'autres termes, l'apport heideggerien à la phénoménologie est en son cœur – là, précisément, où le phénomène est défini en son sens *phénoménologique* [2] – une transposition de l'idéalisme transcendantal kantien sur un terrain phénoménologique (ou relevant d'une ontologie phénoménologique).

Cette détermination précise étant donnée, il s'agit de clarifier la manière dont le « sujet » intervient dans cette appréhension du phénomène. Comment « l'être de l'étant » se laisse-t-il dévoiler dans une analyse phénoménologique concrète ?

1. *Ibid.* Pour une lecture plus approfondie de ce passage, *cf.* notre commentaire du texte 2.

2. En récapitulant, nous dirons que la distinction qu'opère Heidegger entre un concept formel et un concept déformalisé du phénomène est tout de même assez artificielle. Si le « phénomène » désigne « ce qui se montre » et si l'« apparition » concerne un rapport de renvoi entre « ce qui manifeste » et « ce qui est manifesté », alors Heidegger appelle « apparition » au sens strict le « manifestant ». Par « phénomène formel », il entend tout ce rapport de renvoi (l'« apparaître ») et avec « phénomène phénoménologique » il désigne cela même qui est manifesté ou indiqué moyennant ce renvoi pour autant que celui-ci est susceptible d'être découvert grâce à l'analyse phénoménologique (et là où cela n'est pas le cas, il s'agit alors simplement d'un « phénomène vulgaire »).

Nous avons vu que la mise en évidence d'une dimension
« subjective » dans la structure du phénomène consistait, pour
Husserl, à décrire la composante *noétique* dans toute structure
intentionnelle (caractérisée par la « corrélation noético-noé-
matique »). Cela signifie que, pour le père fondateur de la
phénoménologie, cette dimension subjective s'inscrit de part
en part dans un horizon *conscientiel* (et, plus globalement,
dans un horizon *gnoséologique*). Or, pour Heidegger, une telle
perspective restreint outre mesure la richesse de la détermination du phénomène. Conformément à son projet de constitution d'une *ontologie* phénoménologique, il s'agit de dégager
– pour le *phénomène* également – sa portée ontologique.

Cela implique donc de sortir du cadre d'une analyse
intentionnelle et de proposer une analyse *ontologique*.
Une telle analyse doit d'abord faire état d'une *différence*
fondamentale que Heidegger appelle la « différence ontologique ». Si l'objet insigne des recherches d'une ontologie
phénoménologique est « l'être de l'étant », force est de
constater que ce qui est accessible (à la description), ce sont
précisément les étants – mais *pas* l'être ! L'« étant » est tout ce
qui peut être perçu, pensé, senti – telle chose, tel arbre, telle
pierre ; tel concept, tel sentiment, tel affect – mais aussi
l'absurde, le faux, le contradictoire, etc. *Tout* ce qui peut
être dit, pensé, tu, etc. est un étant, même l'humain, même
l'Absolu, même Dieu. Et l'*être*, concept phénoménologique
du phénomène par excellence, dont l'approche exige un
« athéisme méthodologique », n'est donc pas accessible directement, mais ne peut être questionné que sur la base d'un étant
spécifique dont la détermination ontologique fondamentale est
précisément d'établir un rapport possible à l'être, c'est-à-dire
d'un étant pour qui, dans les termes de Heidegger, « en son
être, il y va de son propre être ». Cet étant, Heidegger l'appelle
Dasein (littéralement : « être-là »), qui correspond à l'exis-

tence humaine dans son acception rigoureusement *onto-logique* (et donc ni « psychologique », « anthropologique », etc.). *Sein und Zeit* livre l'analyse ontologique de cet étant et réalise par là l'ontologie phénoménologique annoncée qui ne traite pas encore, certes, de l'être en tant qu'être, mais de l'être du *Dasein* (qui éclaire précisément le statut du « sujet » dans le concept phénoménologique du phénomène), perspective à laquelle s'est limitée la partie publiée du premier chef d'œuvre de Heidegger.

Le *Dasein* ne correspond pas à une entité « subjective », « close », face à l'objet, au monde, etc., considéré comme réceptacle spatial, mais se déploie, « activement », comme « *transcendance* ». Heidegger détermine un tel déploiement comme « existence », terme auquel il donne un tout nouveau sens (qui n'a plus rien à voir avec l'*existentia* traditionnelle), et qui nomme désormais l'être du *Dasein*. Or, dans la mesure où l'existence désigne une *ouverture* (caractérisée en même temps, et de manière indissociable, comme « *compréhension* ») et dans la mesure où la constitution ontologique fondamentale du *Dasein* est l'« être-au-monde (*In-der-Welt-sein*) », il faut comprendre l'existence comme ouverture au *monde*. Aussi, les structures fondamentales de cette existence, que Heidegger appelle « *existentiaux* » (qui font évidemment écho aux caractères *transcendantaux* du « sujet » kantien), sont-elles précisément autant de manières du *Dasein* de s'ouvrir (de façon « comprenante » ou « compréhensive ») au monde. Et les cinq existentiaux fondamentaux du *Dasein* – la « disposition affective », la « compréhension », le « discours », l'« être-déchu » et la « vérité » – articulent ainsi logiquement, dans leur caractère *indissociable*, *Dasein* et *monde*.

Ce dernier point doit être souligné avec force. Heidegger substitue au sujet « privé de monde (*weltlos*) » qu'est pour lui la subjectivité transcendantale de Husserl non moins que celle de Kant, un *Dasein* qui n'est pas *face* au monde, qui n'est pas *dans* le monde, mais qui *est* le monde. Le monde n'est pas un « espace », il n'est pas un « univers » contenant toute chose, mais il est le mode de déploiement du *Dasein* en tant que celui-ci s'ouvre de façon extatique, en tant qu'il se transcende. À l'inverse, le monde est toujours déjà « teinté », autant « affectivement » que « compréhensivement », par les guises d'ouverture du *Dasein*. Et les étants qui se « présentent » (en tant que « *Vorhandene* ») au *Dasein* de façon intramondaine ou que celui-ci « manipule » (dans le mode de la « maniabilité (*Zuhandenheit*) ») sont précisément tributaires, à chaque fois, de la constitution existentiale du *Dasein*. Ainsi, la phénoménalité ne met plus ici en œuvre, comme chez Husserl, une corrélation intentionnelle où une certaine dimension « subjective » constitue l'un des deux pôles de cette corrélation, mais elle se manifeste de telle manière que le *Dasein* et le « ce-vers-où » de sa « transcendance » (*i. e.* le monde) apparaissent dans leur dimension articulée et enchevêtrée.

La conception de la phénoménalité, dans *Sein und Zeit*, est tributaire du projet d'ensemble de cet ouvrage qui est resté inachevé. Elle se rabat de façon quasi unilatérale sur l'être du *Dasein* – ce qui est peut-être l'une des raisons de l'abandon de cette perspective « fondamentale-ontologique » après la fin des années 1920. Heidegger consacrera son projet d'une « phénoménologie de l'inapparent » aux voies d'exploration de l'« *Ereignis* ». Dans « *Ereignis* », il faut entendre, outre l'idée d'« *appropriation (Er-eignung)* » de l'être par le *Dasein*, une dimension du « voir » (Heidegger rapprochant l'« *Ereignis* » de l'« *Eräugnis* » provenant de « *Auge* » (= œil)). Aussi, mais cela dépasse le cadre des présentes réflexions, l'« *Er-eignis* » poursuit-il les voies de l'« *Er-scheinung* » dans une autre direction que celle, centrée sur le *Dasein*, de *Sein und Zeit* (nous y reviendrons brièvement à la fin de cet ouvrage).

CONCLUSION

Que pouvons-nous alors retenir de ces réflexions sur le sens et le statut « du » phénomène ? Le phénomène est à la fois une notion extrêmement riche et particulièrement restreinte. Le phénomène fait apparaître la variété infinie de l'étant, il donne accès à chaque fois différemment à la diversité du réel ; en même temps, il n'*est* pas cette richesse, mais seulement son ouverture première ou ce qui en constitue « le sens et le fondement ». La perspective spécifique ici abordée consistait à clarifier le rôle que joue le « sujet » dans toute phénoménalisation. Nous avons vu que le sujet n'est pas un simple spectateur « en face » de l'apparaissant (ce qui en réduirait la fonction à un simple témoin extérieur), mais qu'il entre « dans » la structure même de la phénoménalité. Cette « subjectivation » prend certes, dans les élaborations considérées, des formes différentes, mais ces dernières ont à chaque fois pour but de dévoiler un sens « ontologique » dans un dispositif d'abord « gnoséologique ».

Si la phénoménalité constitue, chez Kant, l'horizon d'une connaissance possible s'ancrant (conformément à la perspective traditionnelle) dans le *sensible*, c'est dans le cadre de l'*Analytique transcendantale* (se substituant à l'ancienne « ontologie ») que le phénomène trouve son sens définitif (à titre d'«objet *déterminé* d'une intuition sensible») – ce qui aboutit ainsi à une théorie de l'«objet». Lorsque la perspective transcendantale cherche ensuite à se radicaliser sous la forme du *système*, le problème s'inverse : la question n'est plus de savoir comment la connaissance est *possible* mais comment, si la connaissance est «réelle», si elle est établie dans son effectivité, elle peut se *phénoménaliser*. La réponse à cette question va de pair avec, d'une part, une «absolutisation du sujet» (en termes de «Moi absolu» ou d'«esprit») qui se laisse interpréter de façon très différente selon que l'on intègre le «contenu» de la connaissance dans le «savoir absolu» (Hegel) ou que l'on considère que ce savoir se déploie nécessairement *en amont* de tout rapport à un contenu (Fichte); et, d'autre part, avec une «absolutisation du phénomène» en tant qu'«existence de l'essence» (ou de l'«être absolu»). La perspective phénoménologique contemporaine prône, en revanche, un retour à l'analyse de phénomènes particuliers où l'accent est de nouveau mis (comme chez Kant) sur la corrélation sujet-objet *à l'intérieur* de la structure du phénomène – mais cette fois en tant qu'objet d'une «expérience transcendantale» et non pas simplement à titre de «condition de possibilité». Là encore, des divergences profondes sont possibles, qui dépendent de l'acception de la phénoménologie à chaque fois défendue : une analyse *intentionnelle* radicalisée aboutit en fin de compte à un «idéalisme transcendantal» (Husserl), tandis que l'analytique existentiale du *Dasein* humain est au cœur d'une *ontologie* phénoménologique (Heidegger). Mais dans tous les cas, le phénomène éclaire d'une façon ou d'une autre le sens du «transcendantal».

Il apparaît également qu'il y a une profonde solidarité entre la question de la «phénoménalité» et celle de la «temporalité». Cela ne tient pas seulement au fait que, dans plusieurs élaborations, le temps joue un rôle crucial dans la mise en évidence de la possibilité de l'apparaître de quelque chose, mais cela dévoile, plus fondamentalement, une caractéristique qui semble commune aux deux : de même que les conceptions philosophiques les plus importantes du temps établissent qu'il n'y a de temps que sur la base d'une sorte de « pré-temporalité » qui participe à la fois à une certaine forme de temporalité et à ce qui est sous-jacent au temps, la notion de phénomène ouvre, elle aussi, – et l'on pourrait appeler cela le « scénario paradoxal de la phénoménalité » – à une forme d'« inapparence » dans ce qui est censé rendre compte de l'apparaître. Du coup, l'avènement du sujet se trouve aussitôt remis en question et ce, en direction d'une interrogation qui porte sur l'« inapparence » (ou sur le « retrait »), au fondement de l'apparent, reflétant et faisant écho à un « en deçà du sujet » que tous les penseurs du phénomène et de la phénoménalisation ne cessent de méditer et de creuser.

Concernant un possible « avenir du phénomène », deux tendances antagonistes peuvent être décelées : dans le cadre strict de la phénoménologie (post-husserlienne et post-heideggeriennes), les recherches sur les limites de l'approche descriptive et intuitive de la phénoménologie explorent la dimension pré-intentionnelle et pré-phénoménale de l'intentionnalité (par exemple chez Levinas ou Richir) dont résulte la perspective d'une « phénoménalité en question »; là où, en revanche, il y a une parenté entre la phénoménologie et la tradition anglo-saxonne (notamment dans le champ de l'« Ordinary Language Philosophy »), on observe qu'à une « logique de la forme » analysant les structures propositionnelles qui présupposent le rapport entre le langage et la réalité, se substitue une « logique du contenu » dans le contexte, notamment, de situations d'application concrètes du langage, relatives au « monde de la vie » et se servant de la construction de jeux de langage. La « période phénoménologique » de Wittgenstein (période

« de transition » datant de la toute fin des années 1920), pour qui « le phénomène n'est pas le symptôme de quelque chose d'autre, mais la réalité[1] », trouve ici un prolongement – même si, bien entendu, le philosophe autrichien n'analyse pas les « apparitions », mais les « "possibilités" des apparitions » qui sont des « concepts » et concernent l'usage possible des mots[2]. Que ce soit donc sur le plan des soubassements (pré-phénoménaux) de l'intentionnalité ou sur celui du traitement des phénomènes dans le cadre d'une approche relevant du monde de la vie (au sens large), la philosophie contemporaine témoigne de l'actualité des problèmes relatifs au « phénomène » et à la « phénoménalité ».

1. L. Wittgenstein, *Philosophische Bemerkungen* (1930), XXII, § 225 (*Schriften 2*, 1964, p. 283).

2. *Cf.* T. Rentsch, *Heidegger und Wittgenstein. Existenzial- und Sprachanalysen zu den Grundlagen philosophischer Anthropologie*, 1985, p. 70-74.

TEXTES ET COMMENTAIRES

TEXTE 1

IMMANUEL KANT (1724-1804)
Critique de la raison pure [1]

On appelle *phaenomena* des phénomènes que nous concevons comme des objets en vertu de l'unité des catégories. Mais si j'admets des choses qui sont simplement des objets de l'entendement, et qui pourtant peuvent être données, en cette qualité, à l'intuition, non pas, il est vrai, à l'intuition sensible, mais à une sorte d'intuition intellectuelle (donc *coram intuitu intellectuali* [2]), ces choses s'appelleraient des *noumena* (*intelligibilia*).

On devrait penser que le concept des phénomènes, limité par l'esthétique transcendantale, donne déjà par lui-même la réalité objective des noumènes, et justifie la division des objets en phénomènes et noumènes, par conséquent aussi du monde en monde sensible et monde intelligible (*mundus sensibilis et intelligibilis*), en ce sens que la différence ne porte pas simplement sur la forme logique de la connaissance obscure ou claire d'une seule et même chose, mais sur la manière dont les objets peuvent être donnés originairement à notre connaissance et

---

1. E. Kant, *Critique de la raison pure*, trad. J. Barni, Paris, G. Baillère, 1869, p. 314-317 révisée par A. Schnell.
2. « Devant une intuition intellectuelle. »

d'après laquelle ils se distinguent eux-mêmes essentiellement les uns des autres. En effet, quand les sens nous représentent simplement quelque chose tel qu'*il apparaît*, il faut pourtant que ce quelque chose soit aussi une chose en soi, l'objet d'une intuition non sensible, c'est-à-dire de l'entendement; c'est-à-dire qu'il doit y avoir une connaissance possible où l'on ne trouve plus aucune sensibilité, et qui seule ait une réalité absolument objective, en ce sens que les objets nous seraient représentés par elle *tels qu'ils sont*, tandis que, au contraire, dans l'usage empirique de notre entendement, les choses ne sont connues que *comme elles apparaissent.* Il y aurait donc, outre l'usage empirique des catégories (lequel est limité aux conditions sensibles) un usage pur et ayant pourtant une validité objective, et nous ne pourrions affirmer ce que nous avons avancé jusqu'ici, que nos connaissances purement intellectuelles ne sont en général rien autre chose que des principes servant à l'exposition du phénomène, et qui même ne vont pas *a priori* au-delà de la possibilité formelle de l'expérience: ici en effet s'ouvrirait devant nous un tout autre champ; un monde en quelque sorte serait conçu dans l'esprit (peut-être même perçu) qui pourrait occuper notre entendement pur non moins sérieusement que l'autre et même beaucoup plus noblement.

Toutes nos représentations sont dans le fait rapportées à quelque objet par l'entendement, et comme les phénomènes ne sont rien que des représentations, l'entendement les rapporte à *quelque chose*, comme à un objet de l'intuition sensible; mais ce quelque chose n'est sous ce rapport que l'objet transcendantal. Or par là il faut entendre quelque chose = x, dont nous ne savons rien du tout et dont en général (d'après la constitution actuelle de notre connaissance) nous ne pouvons rien savoir, mais qui ne fait que servir, comme corrélatif de l'unité de l'aperception, à l'unité des éléments divers dans l'intuition sensible, à cette unité au moyen de laquelle l'entendement unit ces éléments en un concept d'objet. Cet objet transcendantal ne peut nullement séparer des *données* sensibles, puisque alors il ne resterait plus rien qui servît à le concevoir. Il n'est donc pas un objet de la connaissance en soi, mais seulement la représentation des phénomènes sous le concept d'un objet en général déterminable par ce qu'il y a en eux de divers.

C'est précisément pour cette raison que les catégories ne représentent aucun objet particulier, donné à l'entendement seul, mais qu'elles servent uniquement à déterminer l'objet transcendantal (le concept de quelque chose en général) par ce qui est donné dans la sensibilité, afin de faire connaître ainsi empiriquement des phénomènes sous des concepts d'objets.

Pour ce qui est de la raison pour laquelle, n'étant pas encore satisfait du *substratum* de la sensibilité, on a attribué des *noumena* aux *phaenomenis*, voici simplement sur quoi elle repose. La sensibilité ou son champ, le champ des phénomènes, est limité par l'entendement de telle sorte qu'il ne s'étend pas aux choses en soi, mais seulement à la manière dont les choses nous apparaissent en vertu de notre condition subjective. Tel était le résultat de toute l'esthétique transcendantale, et il suit aussi naturellement du concept d'un phénomène en général que quelque chose lui doit correspondre qui ne soit pas en soi un phénomène, puisque le phénomène n'est rien en soi et qu'il ne peut être en dehors de notre mode de représentation. Par conséquent, si l'on veut éviter un cercle perpétuel, le mot phénomène indique déjà une relation à quelque chose, dont, à la vérité, la représentation immédiate est sensible, mais qui doit être quelque chose en soi, même indépendamment de cette constitution de notre sensibilité (sur laquelle se fonde la forme de notre intuition), c'est-à-dire un objet indépendant de notre sensibilité.

Or de là résulte le concept d'un *noumenon*, c'est-à-dire un concept qui n'est nullement positif et qui n'indique pas une connaissance déterminée de quelque objet, mais seulement la pensée de quelque chose en général, abstraction faite de toute forme de l'intuition sensible. Pour qu'un *noumenon* signifie un objet véritable, distinct de tous les *phaenomena*, il ne suffit pas que *j'affranchisse* ma pensée de toutes les conditions de l'intuition sensible ; il faut encore que je sois fondé *à admettre* une autre espèce d'intuition que cette intuition sensible, sous laquelle un objet de ce genre puisse être donné ; car autrement ma pensée serait vide, encore qu'elle n'impliquât aucune contradiction. Nous n'avons pas pu, il est vrai, démontrer plus haut que l'intuition sensible est la seule intuition possible en général ; nous avons simplement démontré qu'elle est la seule possible pour nous ; mais nous n'avons pas pu démontrer non plus qu'une autre espèce d'intuition encore est possible, et, bien que notre pensée puisse faire abstraction de la sensibilité, il s'agit toujours de savoir si ce ne serait pas là une simple forme d'un concept, ou si après cette séparation il reste encore un objet.

L'objet auquel je rapporte le phénomène en général est l'objet transcendantal, c'est-à-dire la pensée tout à fait indéterminée de quelque chose en général. Cet objet ne peut s'appeler le *noumenon*, car je ne sais pas ce qu'il est en soi, et je n'en ai aucun concept, sinon celui de l'objet d'une intuition sensible en général, qui par conséquent est le même pour tous les phénomènes. Il n'y a point de catégorie qui me le fasse concevoir, car les catégories ne s'appliquent qu'à l'intuition sensible, qu'elles ramènent à un concept d'objet en général. Un usage pur de la catégorie est, il est vrai, possible, c'est-à-dire sans contradiction ; mais il n'a aucune validité objective, puisqu'elle ne se rapporte à aucune intuition, qui puisse en recevoir l'unité d'objet ; car la catégorie est une simple fonction de la pensée par laquelle aucun objet ne m'est donné, mais par laquelle seulement est pensé ce qui peut être donné dans l'intuition.

COMMENTAIRE

INTRODUCTION

Dans la première partie, nous avons présenté les éléments permettant de comprendre le sens et le statut du phénomène dans la philosophie théorique de Kant et, en particulier, son rôle dans la constitution de toute connaissance. À présent, nous prolongerons ces réflexions, en cherchant à mettre en évidence les implications de ces élaborations de Kant par rapport au statut de ce à quoi « renvoie » fondamentalement le phénomène. Une telle perspective débouche logiquement sur la question du rapport entre « phénomènes » et « noumènes » (question qui clôt d'ailleurs l'*Analytique transcendantale* de la *Critique de la raison pure*). Le texte choisi contient une argumentation importante permettant d'élucider le sens de cette différence.

L'enseignement principal de l'*Esthétique transcendantale* et de l'*Analytique transcendantale* est que toutes nos pensées ne peuvent prétendre à une connaissance que s'il est possible de leur donner une intuition sensible correspondante; autrement dit, elles établissent que la sphère du connaissable recouvre (mais ne dépasse pas) la sphère des phénomènes. Kant a conféré à cette notion de « phénomène » un sens inédit : loin de signifier un objet exclusivement *sensible* (Platon) ou encore, du point de vue de la forme *logique*, une connaissance *indistincte* (Leibniz), il l'identifie purement et simplement à la notion d'«objet» – à condition, toutefois, de considérer ce dernier du point de vue de la «révolution copernicienne», c'est-à-dire, précisément, comme objet «*tel qu'il nous apparaît*» et en tant qu'il est soumis aux formes *a priori* de la sensibilité (temps et espace) ainsi que de l'entendement (catégories). Mais c'est justement le *statut* de cette «*apparition*» qui pose problème.

Dans le texte – tiré de la troisième et dernière section du deuxième livre de l'*Analytique transcendantale* (dans la version de 1781) – que nous nous proposons de commenter ici, Kant ne revient pas sur le statut du «sujet» dans sa philosophie transcendantale, mais il s'interroge sur l'«au-delà» et l'«en deçà» du phénomène. Si, comme le dira, dans un passage célèbre, la Préface à la deuxième édition de la *Critique de la raison pure*, l'on ne saurait penser le phénomène sans supposer *quelque chose* qui apparaît (cf. *infra*), on peut se demander quel est le statut ontologique de la «chose en soi», d'autant plus que le propre de l'*Analytique transcendantale* consistait précisément à mettre un terme à l'usage du titre «orgueilleux» d'une «ontologie»[1]. Mais cette question ne se réduit pas à cette perspective problématique. En effet, une fois que l'on admet que la connaissance se limite à la sphère du phéno-ménal, on peut se demander également ce qui «fait tenir» le phénomène, ce qui empêche que le criticisme transcendantal, pensé de manière radicale, n'aboutisse à un *idéalisme phéno-méniste* où nos facultés de représentation demeurent stricte-ment entre elles-mêmes et ne sont pas en mesure de «toucher le réel». On pourrait poser à nouveau cette question de la façon la

1. *Critique de la raison pure*, A 247/B 303.

plus générale comme suit : s'il faut admettre la phénoménalité (en vue de la connaissance), qu'en résulte-t-il eu égard au statut ontologique de « ce qui apparaît » ; bref, de quoi – *sur un plan strictement théorique* – le phénomène est-il phénomène ? Est-ce que la *connaissance* peut dire quelque chose à propos de l'« être » de ce qui est au-delà de l'apparaissant ?

Pour répondre à ces multiples questions, nous aurons à suivre pas à pas et en détail l'argumentation kantienne dans cet extrait, laquelle n'a pas été reprise dans la *Critique de la raison pure* au-delà de la première édition, mais qui (une fois n'est pas coutume) reste malgré tout un témoignage précieux pour comprendre la différence entre les « phénomènes » et les « noumènes ».

Définition du « phénomène » et du « noumène »

Le texte s'ouvre avec une double définition. Kant y précise la signification du « phénomène » et du « noumène ». La définition du *phénomène* qui est donnée ici, c'est-à-dire à la toute fin de l'*Analytique transcendantale*, ne surprendra le lecteur, dans son contraste avec la célèbre définition qui ouvrait l'*Esthétique transcendantale*, que s'il n'a pas poursuivi sa lecture au-delà de l'*Esthétique*. Rappelons en effet qu'au début de la première partie de la *Théorie transcendantale des éléments* dans la *Critique de la raison pure*, Kant avait écrit ceci : « L'objet indéterminé d'une intuition empirique s'appelle "phénomène" (*Erscheinung*)[1] ». Alors qu'ici, nous lisons : « Des phénomènes (*Erscheinungen*), en tant qu'ils sont pensés comme objets selon l'unité des catégories, s'appellent des *phaenomena* ». On dira qu'il n'y a aucune

---

1. *Critique de la raison pure*, A 20/B 34.

contradiction entre les deux passages : le premier définit le
« phénomène (*Erscheinung*) » dans la perspective de l'*Esthé-*
tique transcendantale et le second le « *phaenomenon* » dans
celle de l'*Analytique transcendantale*. D'abord, le « phénomène » désignerait l'« objet » (ou, si l'on est rigoureux, – car il
ne peut véritablement être question d'« objet » que dans
l'*Analytique transcendantale* justement – le « proto-objet »)
formé de façon minimale par le temps et l'espace, mais sans
qu'il soit encore déterminé de façon catégoriale, ce qui seul lui
confère le statut d'un « objet » au sens plein du terme ; et le
phaenomenon nommerait ensuite précisément l'objet *déter-*
miné de l'intuition, c'est-à-dire l'*Erscheinung* en tant qu'elle
est formée par les catégories comme formes *a priori* de tout
objet « en général ». Or, force est de constater que cette distinction n'est pas du tout respectée de façon rigoureuse et conséquente dans la première *Critique*. Nombreux sont les endroits
où Kant identifie « *phaenomenon* » et « *Erscheinung* » (prise
dans le premier sens) [1]. Aussi, la définition ici donnée est-elle
bien la définition qui domine toute la théorie kantienne de la
connaissance dans la *Critique de la raison pure*. Le phénomène répond très précisément au renvoi mutuel entre l'intuition et le concept : il est l'objet d'une intuition sensible en tant
que celle-ci correspond aux formes *a priori* de l'entendement
qui déterminent *a priori* ce même objet.

Le *noumène*, en revanche, est un objet *de l'entendement*
seul qui n'a pas besoin d'être donné d'ailleurs (par exemple par
la sensibilité). S'il peut toutefois être donné à une intuition,
celle-ci ne saurait être une intuition *sensible*, mais doit être une
intuition *intellectuelle* qui est positionnelle de son objet et ne

---

1. Par exemple en A 146/B 186, A 206/B 251 et à plusieurs reprises dans ce
chapitre « De la raison de la distinction de tous les objets en général en
phaenomena et *noumena* ».

figure pas seulement ce dernier après coup (comme le fait l'intuition sensible). À cet égard, elle est donc indissociable de l'entendement (ce qui justifie l'attribut « intellectuelle »), comme Kant le précise au milieu du second alinéa de notre texte.

DIFFÉRENCE ENTRE LE « PHÉNOMÈNE » ET LE « NOUMÈNE »

Quelle est alors la différence fondamentale entre un « phénomène » et un « noumène » ? Cette différence ne se laisse pas établir, on le voit, à partir de la simple définition conceptuelle de ces deux termes. Elle tient plutôt à la constitution de notre appareil cognitif (et notamment perceptif). La spécificité de nos facultés de connaître est que tout objet de la connaissance *a besoin d'être donné par les sens*. Sur ce point, Kant est un anti-rationaliste radical : l'essence de la *chose* (qu'il ne faut pas confondre avec ses déterminations *a priori* nécessaires à une *connaissance* de cette dernière), en tant qu'elle est déterminée comme cette chose-ci ou cette chose-là, se rattache en dernière instance, comme Kant l'a souligné d'entrée de jeu dans la toute première phrase de l'*Esthétique transcendantale*, à une intuition *sensible*. Il n'y a aucun moyen, *pour nous*, d'« entrer » dans l'essence de la chose par notre entendement ou notre raison. Kant refuse toute « inspection de l'esprit » (à la manière de Descartes). C'est *cela* la raison pour laquelle la connaissance se limite à la sphère des phénomènes, et c'est cela qui explique pourquoi il faut distinguer entre « phénomènes » et « noumènes ».

À partir de là, Kant met en évidence une erreur dans un raisonnement cherchant à tirer les conséquences de cette distinction. Dire que les objets de nos connaissances *apparaissent*, cela n'entraîne-t-il pas logiquement que cet apparaissant est l'apparaissant d'un être « en soi », « derrière » ou « en dessous » de cet apparaissant et dont celui-ci est précisément l'apparaissant ? Or, pour Kant, c'est précisément le raisonnement qui infère à partir de la *possibilité* de la distinction entre les deux manières dont les objets nous sont donnés à la distinction eu égard à la *réalité* (du point de vue ontologique) de ces mêmes objets qui est fallacieux. Pour le comprendre, il faut encore revenir sur le sens de la fameuse proposition (répétée dans la deuxième édition de la première *Critique*) selon laquelle « il faut pouvoir *penser* » les « objets (*Gegenstände*) aussi en tant que choses en elles-mêmes (*Dinge an sich selbst*) », car « autrement, il s'ensuivrait la proposition absurde que le phénomène serait sans quelque chose qui y apparaît »[1]. Kant *ne dit pas* que la chose en soi existe nécessairement parce que, sinon, il ne pourrait y avoir d'apparaissant (rappelons qu'« *Erscheinung* » signifie littéralement en allemand « apparition »), mais il affirme que l'on ne saurait penser le phénomène sans supposer quelque chose qui apparaît, ce qui revient à dire qu'*il y a de l'apparaissant*, mais précisément *pas*, nous insistons, que la chose en soi « existe réellement » (ce qui correspondrait à un usage illégitime de la catégorie de l'existence au-delà des limites de l'expérience sensible).

La même erreur de raisonnement est contenue dans une critique célèbre qui a été adressée par Jacobi à Kant peu de temps après la parution de la *Critique de la raison pure*. Son raisonnement est le suivant (nous en présentons une version raccourcie) : si un objet ne peut nous être donné qui si nous en sommes affectés (même si, par ailleurs, nous ne pouvons rien connaître de cette « chose » puisqu'elle est au-delà de la sphère des sens), cela veut dire qu'il y a une action causale de la « chose en soi » sur le « sujet connaissant ». Or, l'*Analytique*

---

1. *Critique de la raison pure*, B XXVI *sq.*

transcendantale enseigne que la validité objective des catégories (et la causalité en est une) ne s'étend que sur la sphère des phénomènes. Mais nous venons d'admettre à l'instant que nous ne pouvons être affectés par quelque chose que si le rapport entre la chose en soi et le sujet connaissant est un rapport causal. D'où la célèbre formule de Jacobi : « si l'on ne part pas de la croyance naturelle comme principe fixe et ferme [i. e. de la chose en soi], on ne peut entrer dans le système [i. e. dans la *Critique de la raison pure*], mais si l'on s'y tient [ce qui est nécessaire, car autrement on ne saurait apparemment pas rendre compte de ce qui rend possible nos affections], il est impossible d'y demeurer et de s'y établir[1]. » L'erreur est ici la même que celle mise en évidence à l'instant. Une chose est de dire que la chose en soi existe et qu'elle agit de manière causale sur nos facultés. Une autre chose est de dire que nos connaissances ne portent que sur des phénomènes, parce qu'un objet ne peut nous être donné que *comme tel*, et que ces phénomènes admettent des « choses en soi » qui doivent pouvoir être *pensées* (pour éviter que nous nous enfermions dans un idéalisme). Dans le premier cas, on admet un monde existant en soi, dont nous ne pourrions certes connaître quelque chose que si nous étions doués d'une « intuition intellectuelle », car autrement on ne saurait expliquer comment nous pouvons accéder à la teneur « réelle » de cette même chose – ce qui fait de ce monde « en soi » un monde « intelligible ». Dans le second cas, on n'admet que l'existence d'un monde « sensible » dont le caractère nécessaire est le fait des formes *a priori* de la sensibilité et de l'entendement du sujet connaissant (et

---

1. F. H. Jacobi, Préface à *David Hume et la croyance. Idéalisme et réalisme*, trad. fr. L. Guillermit, Paris, Vrin, 2000, p. 139.

qui suppose la « chose en soi » à titre de « noumène » dont il va
falloir préciser le sens plus loin).

L'adversaire dogmatique – car c'est de lui qu'il s'agit dans
cette *disputatio* – conclurait certes à partir de la distinction
entre les deux modes de la donation de l'objet qu'il existe une
distinction entre deux usages de l'entendement. L'usage
empirique – qui est bien sûr limité aux sens – rapporterait les
objets à la façon dont ils « nous apparaissent »; l'usage non-
empirique ou « pur » – rendant possibles des connaissances qui
ont une réalité objective *sans qu'intervienne la sensibilité* –
permettrait de connaître les objets « tels qu'ils sont » en eux-
mêmes. La (prétendue) légitimité d'un tel usage pur des
catégories ouvrirait à un tout autre champ de l'expérience : un
champ qui ne se limiterait pas aux sens et à la *possibilité* de
l'expérience eu égard à ses formes, mais qui permettrait à un
entendement intuitionnant cela même qu'il pense, de se
mouvoir dans un monde « pensé dans l'esprit ». Il s'ensuit que
cette différence aboutit à une détermination *positive* possible
des choses en soi (eu égard à leur statut ontologique), à savoir à
une connaissance idéale du monde en soi. Voyons, à présent,
comment Kant réfute cette position en clarifiant le statut de
l'objet auquel se rapporte l'entendement (et que le dogmatique
identifie donc comme la « chose en soi »).

Y A-T-IL QUELQUE CHOSE « DERRIÈRE » LE PHÉNOMÈNE ?

L'une des implications fondamentales de la « révolution
copernicienne » – selon laquelle il ne faut plus considérer que
le sujet se règle d'après les objets, mais les objets d'après le
sujet[1] – consiste dans le fait que toute connaissance n'a plus

---

1. *Critique de la raison pure*, B XVI *sq.*

affaire aux « choses en elles-mêmes », mais aux « représentations (*Vorstellungen*) ». Comme nous l'avons vu dans la première partie de cet essai, cela signifie en particulier que toute connaissance porte sur les phénomènes en tant qu'ils impliquent toujours un *rapport* des représentations spécifiques de nos facultés de connaître aux *objets*. Or, si l'on considère la sensibilité et l'entendement l'une séparément de l'autre, que pouvons-nous dire de l'objet auquel ils se rapportent spécifiquement ? S'agit-il du même objet considéré de deux manières distinctes ou de deux objets différents ?

Bien entendu, rien ne correspond « dans la réalité » à une telle distinction, toutes ces considérations relèvent de l'analyse faite par le philosophe transcendantal. Du côté de la sensibilité, nous savons que Kant appelle « phénomène » (dans la première acception du terme (cf. *supra*)), l'objet, *avant* qu'il soit déterminé (*via* les concepts purs et empiriques) par l'entendement. Il s'agit donc là d'une sorte de « proto-objet » auquel se rapportent (de façon *immédiate*) les intuitions. Or, qu'en est-il de l'entendement ? Quel est l'« objet » auquel se rapporte l'entendement dans son usage « pur », abstraction faite du « contenu » fourni par la sensibilité ? S'agit-il là de la « chose en soi » – ce qui donnerait raison au dogmatique ?

La réponse de Kant est clairement *négative*. Certes, toutes nos représentations (se rattachant en dernière instance à une intuition) sont rapportées à un « objet ». – Et il faut qu'il en soit ainsi, si l'on veut éviter le « cercle perpétuel » et vicieux (risque auquel s'expose par exemple l'« immatérialisme » d'un Berkeley), qui consiste dans le fait que le phénomène renvoie à son tour à un phénomène, ce qui laisserait indéterminé de quoi le phénomène est une apparition. – Cependant, cet « objet » n'est pas la « chose en soi », mais, en vertu précisément de la révolution copernicienne qui nous apprend que nous n'avons jamais affaire ici qu'à des représentations, il est l'« objet de l'intuition sensible ». Kant l'appelle « objet transcendantal = x », en reprenant une expression dont il s'est déjà servi dans le chapitre de la « Déduction transcendantale des catégories » [1]. Que signifie exactement ce dernier et en quoi évite-t-on grâce à lui la circularité fallacieuse ?

Deux aspects doivent ici être mis en avant. Premièrement, l'« objet transcendantal » se dérobe par essence à toute possibilité d'être connu parce qu'aucune intuition ne peut lui correspondre. C'est que, deuxièmement, en tant qu'il est l'unité abstraite de n'importe quel objet *en général*, il est le corrélat de l'unité de l'aperception transcendantale, lequel corrélat doit être supposé pour que le divers dans l'intuition sensible puisse à son tour être unifié. Pourquoi le philosophe transcendantal a-t-il besoin de cet objet transcendantal = x ? Sans celui-ci, rien ne nous assurerait que nos représentations ne sont pas chaotiques et surtout arbitraires [2], autrement dit, il permet d'éviter la circularité fallacieuse mentionnée à l'instant. L'« objet transcendantal » détermine *a priori* l'intuition sensible de façon à ce que nos expériences puissent « se tenir » dans une certaine cohérence. Il est la condition ultime de possibilité de toute unification du divers de l'intuition. Aussi, la catégorie de l'unité se montre-t-elle ici d'une manière que l'on pourrait caractériser comme relevant d'un usage « méta-empirique » (mais non pas transcendantal, car cela est impossible compte tenu de la constitution de notre appareil perceptif). En effet, elle n'est pas seulement l'un des points de vue selon lesquels le divers peut être synthétisé quantitativement (c'est son usage empirique), mais elle est également la condition pour que l'on puisse accorder l'unité à la fois à l'aperception

---

1. Voir notamment *Critique de la raison pure*, A 104-109.
2. *Critique de la raison pure*, A 104.

transcendantale et à son corrélat dans toute connaissance (c'est précisément son usage méta-empirique)[1]. Que peut-on dire à propos du statut « ontologique » de l'« objet transcendantal » ?

À ce sujet encore, Kant fait deux remarques importantes. D'une part, comme nous l'avons déjà dit plus haut, l'objet transcendantal = x, en tant qu'il est une *condition* transcendantale relevant de l'entendement qui ne saurait pourtant d'aucune manière être abstrait des données sensibles, ne peut être connu. Objet de l'intuition sensible, l'on ne peut en faire un objet de la connaissance parce qu'il est *au fondement* de la connaissance, requérant bien entendu le divers de l'intuition moyennant quoi il se laisse déterminer spécifiquement (grâce aux catégories qui, on le sait, sont les conditions *a priori* de toute détermination d'un objet en général).

D'autre part, on comprend également par là pourquoi les catégories ne représentent pas un second objet (au-delà de l'objet indéterminé de l'intuition), mais déterminent le concept de « quelque chose en général » par ce qui est donné dans la sensibilité. Cet aspect concerne la détermination empirique du phénomène dont il a déjà été question dans la première partie de cet ouvrage. Si l'on ne reconnaît tel objet (par exemple une table) que parce qu'il n'est pas seulement cet objet individuel, mais aussi *une* table *en général* (ce qui illustre la part générale et empirique dans toute connaissance), cela n'est possible que parce que l'entendement détermine de la sorte l'« objet

---

1. Kant écrit en A 108 : « [...] cette unité de la conscience serait impossible, si, dans la connaissance du divers, l'esprit [*Gemüt*] ne pouvait pour lui-même devenir conscient de l'identité de la fonction à travers laquelle elle [i.e. l'unité de l'aperception transcendantale] relie synthétiquement le divers dans une connaissance. Par conséquent, la conscience nécessaire de l'identité d'elle-même est en même temps une conscience d'une unité non moins nécessaire de la synthèse de tous les phénomènes selon des concepts [...]. »

transcendantal ». Se confirme par là l'idée soulignée plus haut que l'acception exhaustive du phénomène inclut à la fois une détermination *a priori* (par les catégories) et une détermination *a posteriori* (par les concepts empiriques).

On comprend dès lors pourquoi la détermination positive de la chose en soi est illicite : contrairement à ce que laisserait entendre la position dogmatique, le prétendu « usage pur » de l'entendement n'en est pas un pour les deux raisons que nous venons d'alléguer. Voyons à présent quelles conséquences Kant tire de ce qui vient d'être établi, afin de justifier malgré tout cette introduction de la distinction entre les « phénomènes » et les « noumènes ».

L'affirmation que toute connaissance se rapporte aux *phénomènes* ne revient pas à la thèse du « phénoménisme », si l'on entend par là l'idée que toute réalité se limite strictement à l'apparaissant et que les « phénomènes » sont les seules entités concevables. Kant reconnaît bel et bien que le phénomène désigne nécessairement un *rapport* à un « objet » qui n'est connaissable que dans les limites de la sensibilité, mais pour lequel il faut laisser place à la possibilité d'être considéré en même temps comme un « objet » indépendant de la sensibilité (qui, pour nous, le lecteur l'a compris, est certes totalement inconnaissable). À partir de là se précise le sens du « noumène ».

LE CONCEPT « NÉGATIF » ET LE CONCEPT « POSITIF »
DU « NOUMÈNE »

La raison majeure justifiant l'introduction d'un « objet transcendantal » en tant que condition de possibilité *a priori* de toute détermination du divers sensible est donc non seulement (et simplement) l'idée que le phénomène suppose quelque chose qui apparaît, mais surtout que cela même qui apparaît doit posséder une unité lui permettant de s'inscrire dans l'unité cohérente de l'expérience (et rendre compte de cette cohérence). Voilà comment il faut alors comprendre le sens du «noumène»: il ne permet nullement une connaissance positive de la chose en soi, mais désigne seulement la pensée d'un «quelque chose en général» en tant qu'objet dont, compte tenu de la constitution de nos facultés de connaître, l'on ne peut dissocier les *data sensibles*, mais que l'on considère ici en même temps comme abstrait des conditions de possibilité de l'intuition sensible. Mais cela justifie-t-il vraiment l'appellation d'un «noumène»?

Si l'on entend par «noumène» un pur «*Gedankending*», un pur «être de pensée», on peut répondre par l'affirmative à la question (et nous devrons alors nous limiter au «concept négatif» du noumène). Si, en revanche, on identifie le «noumène» avec une *chose* «en soi», ce qui constituerait le «concept positif» du noumène, un autre aspect sera nécessaire qui fait ici défaut. Kant précise en effet que pour que le «noumène» *ne soit pas un concept vide* (rappelons qu'il insiste avec force sur le fait que des «pensées sans contenu sont vides, des intuitions sans concepts sont aveugles[1]»), il faut qu'une intuition lui corresponde qui donne proprement cette chose – et qui, du coup, ne saurait être une intuition sensible puisque l'on fait ici abstraction de toute dimension sensible. Une telle intuition serait une «intuition intellectuelle», plus exactement: l'intuition d'un entendement qui ne recevrait pas ce qu'il a à penser «du dehors», mais qui le «verrait» immédiatement, «en pensant» tout simplement. Or, la réalité objective d'une telle intuition ne saurait être démontrée (ni d'ailleurs son impossibilité de droit). Mais peu importe, au

---

1. *Critique de la raison pure*, A 51/B 75.

fond : ce qui compte, c'est de savoir *à quoi* nous avons ici affaire.

Dans la première édition de la *Critique de la raison pure*, Kant a écrit (à la fin de l'avant-dernier alinéa de notre passage) : « la question demeure de savoir si ce n'est pas une simple forme d'un concept, et si, après cette séparation, il reste encore un objet ». Ultérieurement (dans les « *Nachträge CXXXVII* »), il a modifié cette phrase comme suit : « la question demeure de savoir si ce n'est pas une simple forme d'un concept, ou si, après cette séparation, il reste encore une intuition possible ». Cette précision est importante. En effet, le dernier volet de cette phrase n'est pas une *clarification* du sens d'une « simple forme d'un concept », mais en fournit l'alternative. Si l'on se place dans la sphère (qui pour nous est abstraite et de toute façon à jamais indémontrable) de l'hypothèse d'une « intuition intellectuelle », alors de deux choses l'une : ou bien il s'agit d'une simple forme *pensée* ou bien bel et bien d'une *intuition* (possible). Mais dans la mesure où cela reste pour nous indécidable, nous ne pouvons pas nous prononcer sur l'essence d'une telle intuition intellectuelle et, par conséquent, nous ne pouvons pas non plus le faire à propos du « concept positif » du noumène. Aussi, dans la théorie kantienne de la connaissance, le « concept positif » du noumène est-il écarté (du moins ne peut-on lui assigner ni un statut régulateur, ni *a fortiori* un statut constitutif). Kant retient exclusivement le « concept négatif » du noumène qui est identique à l'objet transcendantal = x, c'est-à-dire au concept indéterminé de « quelque chose en général ».

Dans le dernier alinéa de notre passage, Kant répète, sous forme d'une récapitulation, les éléments décisifs de son argumentation en tant que ceux-ci avaient pour but de permettre d'appréhender le « concept négatif » du noumène. Trois raisons principales interdisent de rapprocher l'objet transcendantal du « concept positif » du noumène. Premièrement, on ignore tout de l'*être en soi* de l'objet transcendantal; deuxièmement, la seule détermination de l'objet transcendantal est d'être l'« objet d'une intuition sensible en général » qui est la *même* quel que soit l'objet considéré (donc totalement différente de la détermination à chaque fois *singulière* de toute chose telle qu'elle serait en elle-même); et, troisièmement, l'on ne saurait le penser à travers les *catégories*, car celles-ci ne s'appliquent jamais, on le sait, qu'à des intuitions empiriques et ne servent qu'à synthétiser le divers sensible de l'intuition dans un objet.

CONCLUSION

Le résultat fondamental présenté dans cet extrait consiste ainsi à accorder au noumène un sens seulement « négatif » : aucune connaissance déterminée n'en est possible, il est l'objet abstraction faite de toute forme de l'intuition sensible, lequel Kant identifie à l'« objet transcendantal = x », que le philosophe transcendantal doit nécessairement penser pour que nos connaissances ne soient pas de simples fictions produites par nos facultés de connaître. Dans le passage qui correspond à celui-ci dans la *deuxième* édition de la *Critique de la raison pure*, Kant propose une définition des deux acceptions du noumène souvent retenue par les commentateurs : « Si par "noumène" nous entendons une chose *en tant qu'elle n'est pas un objet de notre intuition sensible*, dans la mesure où nous faisons abstraction de notre mode d'intuition de ce dernier, alors cet objet est un noumène *au sens négatif* du terme. Si, en revanche, nous entendons par là un *objet* d'une *intuition non sensible*, alors nous admettons un mode d'intuition spécifique, à savoir l'intuition intellectuelle, qui n'est pas le nôtre, dont nous ne pouvons même pas concevoir la possibilité, et ce serait le noumène dans un sens *positif*[1]. » Comme on le voit, il ne s'agit pas d'un changement de point de vue, mais simplement d'une formulation plus concise et plus prégnante de la différence déjà mise en évidence en 1781.

Que pouvons-nous alors retenir du statut « ontologique » du phénomène et de ce à quoi – en tant qu'apparaissant – il « renvoie » ? Tout rapport immédiat à l'objet – *conditio sine qua non* de toute connaissance – est assuré par l'*intuition*. Celle-ci ne contient – en dehors du temps et de l'espace comme ce qui rend possible la *donation* d'un objet – *que* la matière sensible (sensation), nécessairement *a posteriori*. Autrement dit, du point de vue ontologique, *il y a* dans toute connaissance empirique quelque chose qui nous provient d'un « *ailleurs* », du « *dehors* ». Kant tient beaucoup à cette idée, à la base de toute réfutation de l'idéalisme (que Kant s'est vu obligé de rajouter, dans une version plus technique, à partir de la deuxième édition de la première *Critique*). *En même temps*, dans la mesure où l'expérience est chaotique et, surtout, *dans un changement permanent*, rien en elle ne saurait garantir une connaissance qui exige toujours une *stabilité*, plus précisément : une dimension *nécessaire* et *universelle*, c'est-à-dire *a priori*. Cette dimension *a priori* est « apportée » par le sujet transcendantal et ce, dans la simple visée de rendre possible la *connaissance*. Aussi pourrait-on dire – selon une formule forçant peut-être quelque peu les traits – que Kant prône (sachant que, comme nous l'avons déjà dit, l'analytique se substitue chez lui à l'ontologie) un « réalisme analytique » et un « idéalisme gnoséologique ».

Que son « idéalisme » soit strictement *gnoséologique* a une importance cruciale pour le statut du phénomène. Celui-ci se

---

1. *Critique de la raison pure*, B 307.

tient dans une tension (renvoyant, et c'est significatif également, à une autre[1]) : ce qui fortifie le phénomène dans le but, précisément, de rendre possible la connaissance, le fragilise du point de vue ontologique. *Dans la mesure où Kant le dote d'une structure formelle a priori, il le rend incertain en son être en soi.* Ainsi, si sur le plan ontologique, il s'agissait de limiter le savoir philosophique pour laisser place à la foi[2], il apparaît que, sur le plan gnoséologique, il fallait limiter la portée ontologique du savoir pour rendre possible la nécessité, indispensable à toute connaissance.

Le *phénomène* est ainsi la solution kantienne au problème de savoir comment rendre compte de la stabilité de la connaissance face à une expérience foncièrement instable. Que la « chose en soi » n'apporte rien de positif à la solution de ce problème s'explique aisément par le fait que ce qui caractérise essentiellement l'objet, c'est son *unité*, laquelle ne peut lui provenir que de l'aperception transcendantale en tant que « principe suprême » de la philosophie transcendantale. Aussi le phénomène renvoie-t-il à de l'inconnaissable compris dans son caractère à la fois nécessaire et inconnaissable, version théorique d'un « concevoir de l'inconcevable » que Kant évoquera à la fin des *Fondements de la métaphysique des mœurs*, à propos de la liberté en son rapport à la loi morale.

1. En effet, le phénomène, dans sa stabilité (certes précaire), se tient aussi entre deux autres instabilités : celle de l'« objet » (qui n'est constitué en son identité que grâce à l'aperception transcendantale) et celle du « sujet » (dont l'identité ne se constitue justement qu'à travers les actes d'identification de l'objet).

2. *Critique de la raison pure*, B XXX.

MARTIN HEIDEGGER (1889-1976)
Être et temps [1]

Il suffit d'évoquer concrètement ce que vient d'établir l'interprétation du « phénomène » et du « *logos* » pour que saute aux yeux le lien interne unissant les choses visées par ces deux termes. L'expression phénoménologie peut être formulée en grec : *legein ta phainomena* ; mais *legein* signifie *apophainesthai*. Phénoménologie veut donc dire : *apophainesthai ta phainomena* : faire voir à partir de lui-même ce qui se montre tel qu'il se montre à partir de lui-même. Tel est le sens formel de la recherche qui se donne le nom de phénoménologie. Mais ce n'est alors rien d'autre qui vient à l'expression que la maxime formulée plus haut [au début du § 7] : « Aux choses mêmes ! »

Le titre de phénoménologie présente donc un sens autre que les désignations comme théologie, etc. Celles-ci nomment les objets de la science considérée selon leur teneur réale propre. Mais « phénoménologie » ne nomme point l'objet de ses recherches, ni ne caractérise leur teneur réale. Le mot ne révèle que le *comment* de la mise au jour et du mode de

---

1. M. Heidegger, *Sein und Zeit*, Tübingen, Niemeyer, 1986 (16ᵉ édition), § 7 C, p. 34-36.

traitement de *ce qui* doit être traité dans cette science. Science
« des » phénomènes veut dire : une saisie *telle* de ses objets que
tout ce qui est soumis à élucidation à leur propos doit nécessairement être traité dans une mise au jour (*Aufweisung*) et une
attestation (*Ausweisung*) directes. L'expression tautologique
de « phénoménologie descriptive » n'a pas au fond d'autre
sens. Description ne signifie pas ici un procédé comparable –
par exemple – à celui de la morphologie botanique ; bien plutôt
ce titre a-t-il à nouveau un sens prohibitif : tenir éloignée toute
détermination non attestante. Quant au caractère de la description elle-même, c'est-à-dire au sens spécifique du *logos*, il ne
peut être fixé qu'à partir de la « teneur réale » de ce qui doit être
« décrit », c'est-à-dire être porté à une déterminité scientifique
conforme au mode d'encontre de phénomènes. Formellement,
la signification du concept formel et vulgaire de phénomène
autorise à appeler phénoménologie toute mise en lumière de
l'étant tel qu'il se montre en lui-même.

Mais par rapport à quoi le concept formel de phénomène
doit-il être dé-formalisé en concept phénoménologique, et
comment celui-ci se distingue-t-il du concept vulgaire ?
Qu'est-ce donc que la phénoménologie doit « faire voir » ?
Qu'est-ce qui doit, en un sens insigne, être appelé phénomène ?
Qu'est-ce qui, de par son essence, est *nécessairement* le thème
d'une mise en lumière *expresse ?* Manifestement ce qui, de
prime abord et le plus souvent, *ne* se montre justement *pas*, ce
qui, par rapport à ce qui se montre de prime abord et le plus
souvent, est *en retrait*, mais qui en même temps appartient
essentiellement à ce qui se montre de prime abord et le plus
souvent, en en constituant le sens et le fondement.

Mais ce qui en un sens privilégié demeure *occulté*, ou bien
retombe dans le *recouvrement*, ou bien ne se montre que de
manière « *dissimulée* », ce n'est point tel ou tel étant, mais,
ainsi que l'ont montré nos considérations précédentes, l'*être*

de l'étant. Il peut être recouvert au point d'être oublié, au point que la question qui s'enquiert de lui et de son sens soit tue. Ce qui par conséquent exige, en un sens insigne et à partir de sa réalité la plus propre, de devenir phénomène, c'est cela dont la phénoménologie s'est thématiquement « emparée » comme de son objet.

La phénoménologie est le mode d'accès à et le mode de détermination attestant de ce qui doit devenir le thème de l'ontologie. *L'ontologie n'est possible que comme phénoméno-logie.* Le concept phénoménologique de phénomène désigne, au titre de ce qui se montre, l'être de l'étant, son sens, ses modifications et dérivés. Et le se-montrer n'est pas quelconque, ni même quelque chose comme l'apparaître. L'être de l'étant peut moins que jamais être quelque chose « derrière quoi » se tiendrait encore quelque chose « qui n'apparaît pas ».

« Derrière » les phénomènes de la phénoménologie il n'y a essentiellement rien d'autre, mais ce qui doit devenir phénomène peut très bien être en retrait. Et c'est précisément parce que les phénomènes, de prime abord et le plus souvent, *ne sont pas* donnés qu'il est besoin de phénoménologie. L'être-recouvert est le concept complémentaire du « phénomène ».

COMMENTAIRE

Introduction

La compréhension heideggerienne de la phénoménologie est indissociable de la question de l'être (*Seinsfrage*). L'approche qu'il juge seule adéquate, en philosophie, pour comprendre le sens de ce qui « apparaît » et de ce qui « est », à savoir la *phénoménologie*, doit être mise en rapport avec l'*ontologie*. Il en découle de manière conséquente que la notion de « phénomène » doit être interrogée eu égard à son statut ontologique et à son rapport à l'« être ».

Pour l'auteur de *Sein und Zeit*, cela n'est pas simplement une interrogation portant sur un problème de « méthode ». Il s'agit là d'un enjeu philosophique fondamental consistant à soustraire la phénoménologie à un cadre unilatéralement gnoséologique. Et ce, non pas parce que Heidegger aurait une réticence particulière vis-à-vis de toute question qui concerne la connaissance, mais parce que l'approche gnoséologique est prisonnière, selon lui, de la tendance à *sous-déterminer onto-logiquement* les « objets ». S'il emploie tous ses efforts à sortir l'être de l'« oubli », c'est pour substituer la richesse existentielle du *Dasein* à un sujet « privé de monde », pour interroger le sens d'être de l'étant qui ne se réduit nullement au simple corrélat d'une « conscience transcendantale », bref : pour donner – grâce à l'élaboration d'une « analytique existentiale » – une concrétude ontologique aux « analyses intentionnelles ».

L'extrait que nous nous proposons ici de commenter élargit l'analyse somme toute assez « formelle » du « concept phénoménologique du phénomène » que Heidegger a d'abord livrée dans les deux premières parties du célèbre § 7 de *Sein und Zeit* (que l'on appelle le « paragraphe de la méthode ») et ce, afin de spécifier précisément le rapport entre le « phénomène » et l'« être ». Comme nous le verrons, son argumentation ne porte pas exclusivement sur la simple « teneur » du phénomène, mais fait apparaître des aspects systématiques relatifs au statut de la phénoménologie en général. Aussi ce texte sort-il de la perspective de la partie publiée de *Sein und Zeit* parce qu'il engage une réflexion sur le sens de l'être (en tant qu'être), problème auquel l'« ontologie fondamentale » du *Dasein* n'a ni pu ni dû apporter de réponse.

LA PHÉNOMÉNOLOGIE COMME « ALÉTHÉOLOGIE »

La partie « C. » du § 7 est intitulée « Le concept préliminaire (*Vorbegriff*) de la phénoménologie » et clôt ce paragraphe après le traitement, par Heidegger, du « concept du phénomène » (A.) (cf. *supra*) ainsi que du « concept du *logos* » (B.). La première thèse forte du texte consiste à affirmer que le sens de la « phénoménologie » se comprend à travers ce qui motive identiquement la définition du « phénomène » et du « *logos* ». La partie « A. » avait défini (provisoirement[1]) le (concept phénoménologique de) phénomène comme « ce-qui-

---

1. Il ne s'agit en effet que d'une définition provisoire, car la compréhension complètement « déformalisée » du « concept formel » de phénomène n'est acquise que dans notre extrait.

se-montre-en-soi-même » de façon préalable et non thématique à même l'apparaissant[1]. La partie « B. » avait défini le *logos* (que Heidegger traduit par « *Rede* (parole, discours) ») comme ce qui rend manifeste cela même dont « on parle » dans la « parole » (c'est-à-dire ce dont il est question dans le discours). Le mode spécifique du « rendre-manifeste (*Offenbarmachen*) » est ici celui d'un « faire-voir mettant au jour (*aufweisendes Sehenlassen*) ». Aussi la phénoméno-logie fait-elle voir, en le mettant au jour à partir de lui-même, cela même qui se montre en soi-même. Si l'on définit la phéno-ménologie (comme Richir le fait à la suite de Husserl) comme la discipline cherchant à clarifier « ce qui ne va pas de soi dans ce qui va de soi »[2], on en a ici une illustration convaincante : aller « aux choses mêmes » ne signifie pas trivialement écarter toute construction arbitraire, ne pas se livrer aux apparences et à l'illusion, mais cela exige de se rendre à l'évidence qu'en philosophie, il s'agit d'abord de voir que, avant toute « compa-raison » (correspondance, adéquation, etc.), « dans ce qui "va" de soi (*im Selbstverständlichen*) », il y a quelque chose à « comprendre *à partir de* soi (*von sich her verstehen*) ». Mais, du coup, ces réflexions qui semblaient d'abord seulement concerner la *méthode*, nous font directement entrer dans la question même de la philosophie – celle de la *vérité*. D'emblée, la phénoménologie s'avère être une *aléthéologie*, la notion de « phénomène » soulève *ipso facto* le problème de la vérité.

La caractérisation du *sens* de la phénoménologie indique en effet, au-delà d'une précision à propos de sa méthode, quelle compréhension de la vérité Heidegger met en avant pour la démarche proprement phénoménologique. Il distingue la

1. *Sein und Zeit*, p. 31.
2. M. Richir, *Fragments phénoménologiques sur le temps et l'espace*, Grenoble, J. Millon, 2006, p. 9.

phénoménologie de toutes les sciences particulières (qu'il s'agisse là des sciences de la « nature » ou de « l'esprit ») en introduisant une autre distinction – celle entre le « quoi » et le « comment ». Cette distinction ne devient compréhensible que si l'on se rappelle la définition heideggerienne du « sens (*Sinn*) ». Au début du § 65 de *Sein und Zeit*, Heidegger définit le « sens » comme « le ce-en-vue-de-quoi du projet primaire, à partir duquel quelque chose peut être conçu en sa possibilité comme cela même qu'il est[1] ». « En vue de quoi » notre compréhension se projette-t-elle dans la tentative de saisir le sens de la phénoménologie, d'une part, et des sciences particulières, d'autre part ? Non pas « en vue de » tel ou tel type d'objectité particulière, mais en vue de leur manière d'apparaître, en vue de leur type de donation. Dans le cas des sciences particulières, la question de la « manière de l'apparaître » est déviée vers celle de la teneur « réale » des objets. Cela ne veut nullement dire que l'on s'interrogerait sur leur « degré de réalité », mais que l'on s'intéresse à leur « quoi (*Was*) », à la réponse à la question de savoir *ce qu*'ils sont. En phénoménologie, en revanche, c'est la question du « comment (*Wie*) de leur être-donné » – qui n'est autre que celle de la *phénoménalisation* – qui devient centrale. Autrement dit, tandis que, pour les sciences particulières, la question de l'*accès* aux choses ne pose aucun problème – pour elles, nous sommes *toujours déjà* en présence de l'objet, nous l'*avons* » toujours déjà –, c'est cette question de l'accès qui intéresse tout particulièrement les phénoménologues. Pourquoi la phénoménologie s'installe-t-elle d'abord dans ce champ de la phénoménalisation ? Husserl et Heidegger ne répondraient pas de la même façon à cette question. Pour Husserl, qui identifie, du moins à partir de son

---

1. *Sein und Zeit*, p. 324.

« tournant transcendantal » du milieu des années 1900, « phénoménologie » et « idéalisme transcendantal » et qui considère que toute analyse phénoménologique doit être une analyse *intentionnelle* (car c'est toujours d'une donation *à la conscience* (intentionnelle) qu'il s'agit), il faut répondre à la question du « comment de l'être-donné » des choses parce que c'est le seul moyen de *légitimer nos connaissances* de ces dernières. Pour Heidegger, en revanche, cette question se pose parce qu'à travers elle, il est possible d'élucider l'*être de l'étant* (apparaissant), une perspective à laquelle les sciences particulières sont aveugles et qui va également au-delà de la perspective gnoséologique de Husserl.

Or, cette mise en rapport de la question de la phénoménalisation, d'une part, et de la perspective ontologique, d'autre part, a des répercussions sur le statut de la *vérité*. La phénoménologie, souligne Heidegger, nous renseigne sur le « comment de la mise au jour et du mode de traitement » des choses dont traiteront ensuite les sciences particulières. Les sciences proposent des modélisations théoriques *à propos* des choses, ce qui suppose que celles-ci soient *déjà* données. La vérité d'une telle modélisation se vérifie dans la façon dont celle-ci s'avère être « adéquate » à ce qu'enseigne (et renvoie) l'expérience. La phénoménologie ne peut pas faire valoir une telle perspective « adéquationiste » ou « correspondantiste », puisqu'elle se propose d'assister à et de témoigner de la façon dont les choses apparaissent d'abord. Comme Heidegger le montre dans l'important § 44 de *Sein und Zeit*, cela met en œuvre, sur la base de la conception husserlienne de la vérité introduite dans la *Sixième Recherche logique*, une compréhension de la vérité comme « dévoilement » (qu'il trouve d'abord dans le traitement platonicien et aristotélicien de l'*aletheia* grecque). Rappelons-en les éléments essentiels.

Dans ce paragraphe, Heidegger met en évidence trois niveaux de la vérité. Le premier niveau de la vérité dévoile la fonction primordiale, *non dérivée*, de l'énoncé : elle consiste à découvrir ce que l'énoncé énonce (donc cela même qui est énoncé) en son *être-découvert* (*entdeckt-sein*), à dévoiler l'étant *tel qu*'il est en lui-même. Ainsi, le premier sens du vrai, qui est le sens « ontique » de ce dernier, est l'*être-découvert*. Or, l'être-découv*er*t suppose un *être-découv*rant (*entdeckend-sein*) (deuxième niveau de la vérité), en deçà de toute assimilation d'un sujet à un objet. Et cet être-découvrant, ce « siège », est à son tour une « "guise d'être" du *Dasein* (*Seinsweise des Daseins*) » : au lieu de conférer à un « sujet » des « facultés transcendantales » ou le pouvoir d'« opérer » des « effectuations constitutives », Heidegger identifie donc, *plus fondamentalement*, un existential – c'est-à-dire une manière du *Dasein* de s'ouvrir au monde – rendant d'abord possible un rapport « vrai » à l'étant. Pour Heidegger, la mise en évidence d'un tel fondement nous fournit le « phénomène le plus originaire de la vérité ». Et sa thèse fondamentale est que *cette* ouverture au monde permet de comprendre comment des lois (par exemple celles de la géométrie d'Euclide) « sont » avant d'avoir été découvertes : leur vérité se manifeste d'abord *à travers* le Dasein *découvrant*. Elles n'étaient bien entendu pas « fausses » *avant* leur découverte, mais elles n'étaient pas « vraies » non plus : être vrai veut dire, fondamentalement, venir au jour grâce à l'être-découvrant.

Or, dans le présent contexte, Heidegger met en rapport, du moins implicitement, cette caractérisation de la phénoménologie avec l'horizon de la problématique *phénoménologique* de la vérité : si « tout ce qui est soumis à élucidation [à propos des « objets »] doit nécessairement être traité dans une mise au jour (*Aufweisung*) et une attestation (*Ausweisung*) directes », ce « dévoilement » « mettant au jour » a, à titre d'«*Ausweisung*», une vertu *légitimante*. Et cette attestation, cette légitimation, ne s'appuie pas sur des constructions spéculatives, ni sur quelque forme d'argumentation que ce soit (qui chercherait à «expliquer» quelque chose), mais elle s'inscrit dans le cadre d'une «phénoménologie descriptive» qui, de ce fait, exprime une «tautologie»: décrire signifie laisser s'auto-manifester l'étant tel qu'il se donne en lui-même, et cette auto-manifestation est précisément un auto-dévoilement. Décrire n'est pas classifier les phénomènes et se prononcer *à propos d*'eux (ce qui suppose toujours cette dualité de plans entre les «faits» et un discours théorique *sur* eux), mais la description phénoménologique ne peut tenir pour «vrai» que ce qui s'«auto-atteste» et par là s'auto-légitime.

Heidegger met ainsi en évidence, dans l'idée d'une «description», le même changement qui avait déjà affecté sa compréhension de la vérité – et son interprétation du statut du «*logos*» justifie, dans les deux cas, ces changements. Comme il l'a précisé dans la partie «B.», nous l'avons déjà brièvement indiqué, le *logos* n'est pas un «jugement» ou un «énoncé» (ni une «proposition») supposant le plan des faits et le plan de ce qui s'énonce à propos d'eux, il n'est pas non plus le principe de toute synthèse de ce qui est relié dans un «jugement», mais il est la dimension fondamentale de toute manifestation, de tout faire-apparaître («*apophainesthai*»). Dans le *logos* devient manifeste cela même qu'il exprime et ce, exclusivement à partir de ce qu'il manifeste et non pas en vertu d'un quelconque pouvoir expressif, judicatif, synthétique, etc. – ou, comme il l'affirme ici: le sens spécifique du *logos* «ne peut être fixé qu'à partir de la "teneur réale" de ce qui doit être "décrit", c'est-à-dire être porté à une déterminité scientifique conforme au mode d'encontre de phénomènes» (où le «mode d'encontre» fait justement écho à la problématique de l'*accès* dont il a été question à l'instant). Dans la mesure où le concept

« formel » du phénomène (qui désigne, nous l'avons vu plus haut, un apparaissant qui se montre et qui renvoie à quelque chose qui ne se montre pas (mais qui, en droit, pourrait se montrer)) et le concept « vulgaire » du phénomène (qui équivaut, nous l'avons vu également, à un apparaissant renvoyant à quelque chose qui se dérobe *par principe*) mettent à chaque fois en jeu un *apparaissant* (pour lequel le statut de ce à quoi il renvoie est ici tout à fait *secondaire*), on comprend comment Heidegger peut en faire, à partir des précisions livrées précédemment, les éléments fondamentaux de toute phénoménologie.

LA PHÉNOMÉNOLOGIE COMME ONTOLOGIE

Nous avons vu dans la première partie de cet ouvrage que l'analyse heideggerienne du phénomène procède en deux temps : dans une première étape, Heidegger propose une analyse *formelle* du phénomène (en termes de concept « formel » et, le cas échéant, de concept « vulgaire » du phéno-mène) qui donne lieu, dans une seconde étape (et grâce à une « déformalisation »), au concept « phénoménologique » du phénomène. Le premier moment s'oriente par rapport à Kant et par rapport à sa compréhension du transcendantal que Heidegger cherche justement à « déformaliser ».

Mais quelle est plus précisément la fonction de cette « déformalisation » ? La réponse nous est donnée lorsque nous sommes attentifs à la stratégie argumentative ici employée par Heidegger. Dans l'alinéa précédent, Heidegger avait distingué la phénoménologie de toute science particulière à travers le fait que celle-là s'occupe du « comment (*Wie*) » de l'être-donné des objets, tandis que celles-ci traitent de la « teneur réale » des objets, de leur « quoi (*Was*) ». Or, à présent, Heidegger demande : « QU'EST-CE donc QUE (*Was*) la phénoménologie doit "faire voir"? QU'EST-CE QUI (*Was*) doit, en un sens insigne, être appelé phénomène? QU'EST-CE QUI (*Was*), de par son essence, est nécessairement le thème d'une mise en lumière expresse?» (C'est nous qui soulignons.) Heidegger contredirait-il ce qu'il vient d'affirmer à l'instant, à savoir que la phénoménologie ne s'occuperait *pas* de la «*Sachhaltigkeit*» des choses? Nullement. L'usage du «*Was*» n'indique pas un quelconque retour de la «réalité» des *res* (choses), mais constitue le biais permettant de faire surgir – *grâce, précisément, à la déformalisation* – l'être. La déformalisation est le seul moyen de rendre compte, phénoménologiquement, de la différence ontologique et de produire un discours «positif» sur l'être (lequel être, on le sait, n'*est* pas, du moins n'est pas un *étant*).

Or, du point de vue de la «chose même» qu'est donc le phénomène, il faut effectivement se demander *ce qui* doit ici être dévoilé et porté à la manifestation. Il y a une tension entre la tendance du phénomène à porter quelque chose à l'apparition et le fait qu'il y ait quelque chose qui, pour pouvoir l'être, n'apparaît pas (ou n'est pas encore apparu). On dirait même que d'autant plus le «phénomène» a tendance à *ne pas* se montrer, d'autant plus grande est la nécessité de le faire apparaître. Quel «phénomène» est *par excellence* caractérisé par une telle tension incluant une telle *nécessité?* Celui qui ne se montre pas (de prime abord), mais qui est à son tour lié par un *lien de nécessité* à ce qui apparaît. Un tel phénomène est ce qui «constitue le sens et le fondement» de l'apparaissant. Cette affirmation est décisive. Le phénomène par excellence n'est pas le simple apparaissant (ce que Heidegger appelle l'«apparition» dans une seconde acception (*cf.* la première partie)), mais ce qui n'apparaît pas tout en possédant la caractéristique fondamentale d'«avoir à faire apparaître» ce

qui rend possible l'apparition (« fondement ») et ce qui en
élucide le sens d'être (« sens »).

Y a-t-il un « phénomène » qui possède ces caractéristiques ? Heidegger répond par l'affirmative, mais *sans établir
d'abord le lien intrinsèque avec l'analyse qu'il vient d'effectuer.* Il proclame : « Mais ce qui en un sens privilégié demeure
occulté, ou bien retombe dans le *recouvrement*, ou bien ne se
montre que de manière *"dissimulée"*, ce n'est point tel ou tel
étant, mais, ainsi que l'ont montré nos considérations précédentes, l'*être* de l'étant. Il peut être recouvert au point d'être
oublié, au point que la question qui s'enquiert de lui et de son
sens soit tue. Ce qui par conséquent requiert, en un sens insigne
et à partir de sa réalité la plus propre, de devenir phénomène,
c'est cela dont la phénoménologie s'est thématiquement
"emparée" comme de son objet. » Cela revient à identifier le
concept « phénoménologique » du phénomène et l'être comme
ce dont s'enquiert de façon insigne *Sein und Zeit* (identification que Heidegger accomplit explicitement quelques lignes
plus bas). Or, pas moins de quatre (!) aspects fragilisent le
bien-fondé de cette identification.

Premièrement, d'une lecture attentive des sept premiers
paragraphes de *Sein und Zeit* ressort clairement que les « considérations précédentes » n'ont nulle part établi que ce qui est
de la sorte « occulté (*verborgen*) », « recouvert (*verdeckt*) »
ou « "dissimulé (*verstellt*)" » était précisément l'« *être* de
l'étant ». Cette indication non fondée doit sûrement être mise
au compte de certains réaménagements auxquels Heidegger a
dû procéder, suite à la décision de ne livrer au public qu'une
partie du manuscrit initial (aussi le plan annoncé dans le § 8 ne
correspond-il pas à celui de l'ouvrage que le lecteur a sous les
yeux, mais à l'*ensemble* prévu au départ, mais resté partielle-
ment inédit). Il n'en demeure pas moins que cette négligence
tranche de manière surprenante avec la minutie avec laquelle

Heidegger a construit le reste de l'ouvrage. Quoi qu'il en soit, le lecteur ne peut que regretter de ne pas apprendre davantage sur le contenu détaillé des « considérations précédentes » en question, lesquelles ne se trouvent pas (ou plus) dans la version publiée de *Sein und Zeit*.

Deuxièmement, ce que Heidegger dit d'essentiel sur le concept « phénoménologique » du phénomène ne correspond pas vraiment à ce qu'il dit ici à propos de l'être. Ce qui détermine le premier, nous l'avons vu, c'est le fait de constituer « le sens et le fondement » de l'apparaissant, sachant qu'il n'apparaît pas, et que c'est précisément dans la mesure même où il n'apparaît pas qu'il endosse ce rôle « fondationnel » et « constitutif du sens ». L'être, en revanche, est simplement caractérisé par le fait de ne pas apparaître – rien n'indique que c'est *dans la mesure où il n'apparaît pas* qu'il remplit les fonctions du concept « phénoménologique » du phénomène que nous venons de rappeler.

Troisièmement, on peut douter que la référence au fait que l'être puisse être « recouvert au point d'être oublié, au point que la question qui s'enquiert de lui et de son sens soit tue » soit vraiment pertinente dans notre contexte. Le fait que la tradition philosophique « oublie » ou « taise » la question de l'être ne se situe pas sur le même plan que le « voilement » ou l'« occultation » du phénomène dans le processus de la phénoménalisation. Ce n'est donc pas un argument qui peut ici sérieusement entrer en ligne de compte.

Enfin, quatrièmement, tout semble se passer comme si Heidegger procédait à une « synthèse *post factum* ». Ce terme, introduit par Fichte dans la *Doctrine de la Science de 1804/II*, désigne le procédé consistant à stipuler un (troisième) terme face à deux termes initiaux dont il s'agit de mettre en évidence le lien fondamental et que, partant, on se propose d'unifier. En effet, face à la volonté d'établir l'identité entre le « concept phénoménologique» du phénomène et l'être, Heidegger semble stipuler une telle identité, sans l'établir à partir d'une analyse intrinsèque de ces deux termes. Mais notre extrait ne contient-il vraiment pas d'autres arguments justifiant l'identification entre le «concept phénoménologique» du phénomène et l'être?

PHÉNOMÉNOLOGIE, MANIFESTATION ET RETRAIT

L'être n'«est» pas – seul l'*étant* «est». Dans cet extrait, Heidegger cherche à en fournir la légitimation – qui est une légitimation autant *phénoménologique* que *transcendantale* (de façon conséquente, Heidegger identifie la perspective de l'ontologie fondamentale et celle d'une philosophie transcendantale[1]). Cela apparaît très clairement lorsqu'on analyse le statut spécifique à la fois du phénomène lui-même et de l'être (en tant qu'il est ce phénomène). Heidegger ne dit pas: le phénomène *est* ceci ou cela, mais il souligne que le «thème de la phénoménologie» est ce qui «*exige*» de devenir phénomène. De même, il ne dit pas que l'être *est* ceci ou *cela*, mais que la phénoménologie s'occupe de ce qui «*doit* (*soll*)» devenir le «thème de l'ontologie». Cette «exigence» de ce qui «*doit*» devenir et être le «thème» *à la fois* de la phénoménologie *et* de l'ontologie – ce qui justifie très exactement pourquoi «l'ontologie n'est possible que comme phénoménologie» – exprime l'objectif fondamental d'une connaissance

---

1. Cette identification entre «*fundamentalontologisch* (relevant de l'ontologie fondamentale») et «*transzendental*» se trouve au début du § 11 b) des *Metaphysische Anfangsgründe der Logik im Ausgang von Leibniz* (*Premiers principes métaphysiques de la logique en partant de Leibniz*, cours tenu en 1928, c'est-à-dire juste après la publication de *Sein und Zeit*), GA 26, Frankfurt am Main, Klostermann, 1978, p. 218 *sq.*

transcendantale, définie, rappelons-le une fois de plus, comme la « connaissance qui s'occupe de notre manière de connaître les objets en tant que celle-ci *doit* être possible *a priori*[1] ». Déjà Kant a souligné, dans cette définition, que la connaissance transcendantale n'a pas affaire à ce qui *est*, mais à ce qui *doit* être (possible *a priori*). Et Heidegger s'en souvient (après Fichte, qui en a fait le motif fondamental de son propre transcendantalisme), du moins implicitement, en cet endroit crucial où le phénomène au sens « phénoménologique » et l'être apparaissent comme étant pourvus de cette même dimension à la fois hypothétique et catégorique – caractéristique fondamentale du transcendantal, comme nous l'avons établi dans la première partie – propre au « *Doit* ». C'est cela le sens de cette insistance répétée (chez Kant, Fichte et Heidegger) sur la dimension d'un « *Soll* », d'un « *Sollen* (devoir) », dans toute caractérisation fondamentale du transcendantal qui contamine par là-même le statut du phénomène.

Mais Heidegger ne rejoint nullement par là la compréhension du rapport entre l'Être (l'Absolu) et le phénomène, telle qu'elle caractérise en propre les protagonistes de la philosophie classique allemande. Pour Heidegger, le phénomène n'est *pas* un mode d'existence ou d'apparition de l'Être absolu. Le phénomène n'est pas un apparaître ! Il est, conformément à ce qu'il avait affirmé à propos du *logos*, un *se-montrer*. Nous avons compris ce qui distingue le phénomène de l'apparition : celui-là se montre *soi-même*, quoiqu'il puisse être « voilé » ou « recouvert » ; celle-ci (en tant qu'elle *apparaît* justement) renvoie à un *autre* (qui peut être découvert ou qui peut aussi être à jamais caché et inaccessible). Aussi l'être, en

---

1. *Critique de la raison pure*, B 25.

tant que « phénomène » au sens propre, n'est-il pas « derrière »
l'apparaissant. Comme Sartre le soulignera dans l'introduction de *L'être et le néant*, la phénoménologie, en général, et
Heidegger, en particulier, mettent en effet un terme à toute
« illusion des arrière-mondes[1] ». (Le présent essai a certes
tenté de montrer que cela vaut tout autant pour tous les autres
« phénoméno-logues » depuis Kant.)

Si le phénomène n'est donc pas un représentant d'autre
chose, il n'a pas moins une certaine fonction médiatrice : il
confère, nous l'avons vu, le sens et le fondement à l'apparaissant. Et cela n'est possible que si le phénomène est, en un sens,
désocculté et occulté à la fois. Si le phénomène est un
se-montrer, et, à cet égard, « découvert », il est « de prime
abord et le plus souvent », recouvert : « l'être-recouvert est le
concept complémentaire (*Gegenbegriff*) du "phénomène" ».
Le « *gegen* » (littéralement : ce qui est « contre ») ne signifiant
pas un antagonisme, mais ce qui ne permet de « concevoir
(*begreifen*) » le phénomène en son sens complet qu'à travers ce
qui se tient « face » à lui. L'ontologie phénoménologique de
Heidegger défend la thèse fondamentale que l'être en tant que
concept « phénoménologique » du phénomène « oscille » ou
« clignote » entre la manifestation ou la donation (désocculta-
tion, dévoilement), d'une part, et le retrait (occultation, voilement), d'autre part. Et ce, non pas en vertu d'une dialectique abstraite, mais dans une forme d'« expérience » qui
confère aux descriptions phénoménologiques un « sol » et une
« attestation » concrète, cette « expérience » éclairant le sens
et le statut ontologique du transcendantal.

---

1. J.-P. Sartre, *L'être et le néant*, Paris, Gallimard, 1943 ; réimp. en Tel-
Gallimard, p. 12.

Conclusion

Sein und Zeit – et en particulier la conception du
« phénomène » que véhicule cet ouvrage – se situe (encore)
dans une ligne droitement kantienne et husserlienne. Comme
nous avons pu le voir, l'acception « phénoménologique » du
phénomène s'obtient à partir d'une réflexion sur le sens du
transcendantal kantien auquel Heidegger confère un statut
ontologique, ce que les analyses intentionnelles husserliennes
– se situant dans une perspective trop unilatéralement gnoséologique à ses yeux – ne parvenaient pas à réaliser. La « description » phénoménologique précise du phénomène a permis de
mettre en évidence les multiples aspects que revêt cette notion
depuis que la philosophie « transcendantale » s'en est emparée.
Dans les années 1920, Heidegger était (encore) convaincu que
l'approche phénoménologique devait se nourrir d'une perspective ontologique et, surtout, qu'elle pouvait clarifier le sens
de l'être.

Or, à partir du début et surtout du milieu des années 1930
(où s'accomplit le fameux « tournant (*Kehre*) » de sa pensée),
cette oscillation entre la manifestation et le retrait sera conçue
autrement et impliquera un changement fondamental eu égard
à la possibilité de concevoir l'« être » comme « phénomène ».

Après *Sein und Zeit*, Heidegger met en effet l'accent sur le
fait que l'« ouverture (*Erschlossenheit*) » du *Dasein* suppose,
pour rendre possible la manifesteté (*Offenbarkeit*) de l'étant,
un « Ouvert (*Offenes*)[1] » (terme qu'il emprunte à Hölderlin)[2].
Cet « Ouvert » désigne une « ouverture » – en deçà de celle
du *Dasein* et donc en deçà de la perspective de la

---

1. *Cf.* par exemple le § 205 des *Beiträge zur Philosophie*.
2. Sur ce point, *cf.* l'excellente analyse de M. Zarader, dans *Heidegger et
les paroles de l'origine*, Paris, Vrin, 1990, p. 54 *sq*.

phénoménalisation développée dans l'ouvrage de 1927
– *permettant à l'étant lui-même d'être ouvert*. Or, dans cet
« Ouvert », se déploie un jeu décisif entre voilement ou occultation et dévoilement, qui continue certes à caractériser l'être,
mais qui ne se réfère plus au concept « phénoménologique » du
phénomène : « C'est parce que être signifie : apparaître en
s'épanouissant, sortir de l'occultation, que lui appartiennent
essentiellement l'occultation et la provenance à partir de
celle-ci[1]. » Comment doit-on comprendre concrètement
cette appartenance nécessaire de l'occultation au dévoilement (s'exprimant à travers le « a- » privatif contenu dans
« *aletheia* »)? Comme l'a montré de manière très convaincante
M. Zarader, elle exprime, (plus) fondamentalement, l'idée
selon laquelle l'*aletheia* est un »dévoilement *de* l'occultation »[2]. Il s'agit là, en effet, d'« un certain mode d'apparition[3]
de l'obscur lui-même [...]. Le dévoilé est arraché à une
occultation, mais en cet arrachement se révèle, c'est-à-dire se
dévoile, cette occultation même, et elle se dévoile comme
condition (inapparente) d'apparition de tout dévoilé[4] ». Le
terme introduit par Heidegger pour exprimer ce rapport et qui
désigne bien le mode d'ouverture de l'« Ouvert » est celui de
la « *Lichtung* (éclaircie) », à propos de laquelle Heidegger
s'exprime de façon lumineuse dans l'un de ses derniers textes,
Das Ende der Philosophie und die Aufgabe des Denkens
(1964). Celle-ci désigne à la fois la clarté *au sein de* et, partant,

1. Heidegger, *Einführung in die Metaphysik*, p. 87 ; trad. fr. p. 122 (cité par
M. Zarader, *Heidegger et les paroles de l'origine*, *op. cit.*, p. 62).

2. M. Zarader, *Heidegger et les paroles de l'origine*, *op. cit.*, p. 64.

3. Sachant que « le retrait n'écarte pas l'être : l'acte de retirer, en tant
qu'acte d'occultation, appartient au propre de l'être [...]. L'occultation, le
retrait, est une manière dont l'être dure comme être, dont il se dispense, c'est-à-
dire s'accorde », *Der Satz vom Grund*, p. 122 ; trad. fr. p. 165.

4. *Ibid.*, p. 65.

en vertu de laquelle tout étant peut apparaître ; et aussi
l'ouverture présupposée par cette même clarté. Le statut de cet
« *Offenes* » est là encore le même que celui du transcendantal
kantien : c'est un « *Ouvert* » qui, par principe, ne se dévoile
pas, tout en rendant possible le dévoilement de l'étant. Mais
contrairement à Kant, et dans une certaine proximité avec
Fichte, Heidegger *réfléchit* le statut de ce qui de la sorte rend
possible la manifestation de l'étant. Aussi ce « par principe »
en énonce-t-il l'essence même : l'« Ouvert » voilé est caractérisé, de façon *intrinsèque* et *essentielle*, par le fait de se retirer,
de s'occulter, de se dérober. Heidegger l'affirme explicitement
dans *La parole d'Anaximandre* : « L'occultation de son
essence [*scil.* de l'essence de l'être] et de sa provenance essentielle est le trait *en lequel l'être s'éclaircit initialement* [...][1] »
ainsi que dans *La fin de la philosophie et la tâche du penser* :
« La *Lichtung* n'est pas seulement *Lichtung* de la présence,
mais *Lichtung* de la présence qui s'occulte, *Lichtung* de l'abri-
tement qui s'occulte[2] ». Donc même si l'oscillation dont il a été
question à l'instant ne peut plus être prise en charge par le
phénomène, elle continue à être présente dans la pensée du
« second » Heidegger. Ce qui justifie malgré tout son attache-
ment à la phénoménologie, auquel il est toujours revenu et
qu'il a toujours revendiqué jusqu'à la fin de sa vie.

---

1. Heidegger, *Holzwege* (*Der Spruch des Anaximander*), 1980, p. 332 ;
trad. fr. p. 274 (cité par M. Zarader, *Heidegger et les paroles de l'origine*, *op.
cit.*, p. 68) (c'est nous qui soulignons).

2. Heidegger, *Zur Sache des* Denkens (*Das Ende der Philosophie und die
Aufgabe des Denkens*), p. 78 *sq.* ; trad. fr. *Questions IV*, p. 137 (cité par
M. Zarader, *Heidegger et les paroles de l'origine*, *op. cit.*, p. 69).

TABLE DES MATIÈRES

QU'EST-CE QUE LE PHÉNOMÈNE ?

TEXTES ET COMMENTAIRES

Imprimé en France par CPI Firmin Didot (123857)
en septembre 2014
Dépôt légal : septembre 2014

DANS LA MÊME COLLECTION